中国注册会计师行业发展报告2014

主编 余蔚平
副主编 陈毓圭

立信会计出版社

图书在版编目(CIP)数据

中国注册会计师行业发展报告. 2014 / 余蔚平主编. —上海：立信会计出版社，2014. 12
ISBN 978 - 7 - 5429 - 4503 - 7

Ⅰ. ①中… Ⅱ. ①余… Ⅲ. ①注册会计师业—研究报告—中国—2014 Ⅳ. ①F233.2

中国版本图书馆 CIP 数据核字(2014)第 312970 号

策划编辑　　窦瀚修
责任编辑　　赵新民　方士华
封面设计　　陈　楠

中国注册会计师行业发展报告 2014

出版发行	立信会计出版社		
地　　址	上海市中山西路 2230 号	邮政编码	200235
电　　话	(021)64411389	传　　真	(021)64411325
网　　址	www. lixinaph. com	电子邮箱	lxaph@sh163. net
网上书店	www. shlx. net	电　　话	(021)64411071
经　　销	各地新华书店		

印　　刷	浙江省临安市曙光印务有限公司		
开　　本	787 毫米×1092 毫米	1/16	
印　　张	21. 25		
字　　数	140 千字		
版　　次	2014 年 12 月第 1 版		
印　　次	2014 年 12 月第 1 次		
印　　数	10 000		
书　　号	ISBN 978 - 7 - 5429 - 4503 - 7/F		
定　　价	56. 00 元		

前　言

伴随着改革开放和社会主义市场经济体系建设的历史进程，中国注册会计师行业恢复重建并不断发展壮大。经过 30 多年的建设发展，注册会计师行业已经成为市场经济监督体系重要的制度安排，成为高端服务业的重要组成部分，社会管理创新的重要力量，探索社会组织和非公经济党建的重要领域。

为了向社会公众全面介绍和反映注册会计师行业建设发展历程、基本形势和年度进展，我们编撰了《中国注册会计师行业发展报告 2014》。在编写过程中，我们基于历史发展与现实分析相结合、统计数据与文字阐述相结合，力求反映注册会计师行业发展全貌，体现系统性、时效性与前瞻性。

为了便于读者全面了解注册会计师行业的发展历程和行业发展 30 多年来取得的成就，本报告中包含了行业发展历程和行业建设十大体系两项内容。其中，行业发展历程分为4个阶段，回顾了恢复重建以来行业发展的主要历程和重大事件。行业建设十大体系则分10个方面展现了行业发展取得的成就和形成的发展体系。

2013年度发展总报告概述了2013年度行业发展总体情况。分报告则分12个方面详细描述了行业相关重要领域的建设发展情况，涵盖会计师事务所、注册会计师、行业人才培养、注册会计师考试、上市公司审计、行业监管、行业业务收入、行业党建、行业统战群工、行业信息化等内容。

为了多角度反映行业发展的情况和成就，在报告形式和内容上，既有发展报告，也有工作报告和分析报告。其中：行业人才培养、行业监管为工作报告；注册会计师考试、上市公司审计、行业业务收入属于分析报告；鉴于行业信息化战略启动实施时间不长，因此以专题报告形式对近3年来的建设情况进行了总结；其他分报告则为发展报告。

附录部分收录了行业重要法律制度目录、2014年会计师事务所综合评价前百家信息以及行业恢复重建以来大事记等信息。其中，在行业大事的选择上，我们选取了具有典型性和代表性的行业重大活动、重要会议、重大事项和重要文件。

《中国注册会计师行业发展报告2014》是中国注册会计师行业发布的首份行业发展报告。今后，我们还将根据行业发展情况，阶段性发布行业发展报告。我们期望，行业发展报告的编辑出版，能够成为行业发展的权威数据库和信息平台，成为展示行业发展成果的新载体，成为行业未来科学发展的历史借鉴和规律总结；也希望行业发展报告能够为行业广大从业人员和社会各界全面深入地了解行业发展现状和发展趋势，提供翔实的信息和全面的视角。

《中国注册会计师行业发展报告2014》由财政部党组成员、部长助理、中国注册会计师行业党委书记余蔚平同志担任主编，中国注册会计师协会副会长兼秘书长、中国注册会计师行业党委常务副书记陈毓圭同志担任副主编；杨志国、梁立群、杨晨辉等同志对书稿相关篇目进行了审核；蔡晓峰、常志安同志负责全书的统稿工作;易琮、曾铁兵、白晓红、罗梅、殷德全、冯毅、赵晓玲、姚冬萍、倪鹏翔、万俊杰、齐飞、杜晓锋、鲁冰、张素青、张莹、蔡宗强、高魁、王磊、邵楠、王廷梁等同志参与了本书的编写工作(详见篇末注);汪宁、范中艳、刘延辉、任方方、石计宝、易德鹤、张克、余瑞玉、胡少先、陈雄溢、高凤元、黄光松等同志对书稿的修改提出了宝贵的意见和建议。

本报告还存在许多不完善或不尽如人意的地方,我们真诚地希望业内专家和广大读者提出宝贵的批评意见和建议,我们将在今后的报告编写中加以吸收和改进。

编者

2014年10月

目　录

中国注册会计师行业恢复重建以来的发展历程

我国注册会计师制度诞生于20世纪初，主要服务于当时蓬勃兴起的民族工商业的发展。新中国成立后，注册会计师行业在国民经济恢复中发挥了积极作用。之后，随着逐步实行高度集中的计划经济，注册会计师行业发展一度中断。

党的十一届三中全会作出了实行改革开放的历史性决策，我国经济社会发展进入"对外开放、对内搞活"的新时期。伴随着改革开放和社会主义市场经济体制建设的历史进程，注册会计师行业得到恢复重建并不断发展壮大，在国家经济社会发展中的地位和影响不断提升，行业体制机制不断健全，行业人才队伍不断壮大，行业价值和作用不断提高。中国注册会计师行业恢复重建以来的发展历程，始终与改革开放和经济发展共生互动，大体经历了恢复重建、规范发展、体制创新和国际发展 4 个发展阶段。

一、恢复重建阶段(1980—1991 年)

党的十一届三中全会以后,在对外开放与对内搞活、经济改革与国企转型的背景下,为适应外商投资企业发展、股份制试点和企业制度改革的需要,党中央、国务院充分遵循注册会计师行业发展规律和国际惯例,恢复重建了注册会计师制度。在财政部的直接领导下,开展了认定注册会计师、举办会计师事务所、发布行业法律制度、成立行业组织、开辟注册会计师法定业务等一系列支持注册会计师行业发展的政策措施,为恢复我国注册会计师制度奠定了基础,也为注册会计师行业的发展指明了方向。

采用考核办法认定注册会计师。1980 年 12 月,财政部印发《关于成立会计顾问处的暂行规定》,标志着中国注册会计师制度的正式恢复重建,同时规定采取考核的方式,从已取得会计师、高级会计师职称的财务会计人员中,考核认定注册会计师。1986 年 7 月,国务院颁布了《注册会计师条例》，成为新中国颁布的第一部注册会计师行业管理行政法规，其中明确规定采取考试和考核相结合的方式授予注册会计师资格。1987 年 3 月，财政部发布《注册会计师考试、考核暂行办法》，提出了筹备注册会计师资格考试的初步设想，规定每年或每两年举行一次注册会计师考试或考核，并成立了财政部注册会计师考试委员会，领导注册会计师考试相关工作。

以“挂靠”方式举办会计师事务所。从 1980 年开始，会计师事务所率先在财政部门的指导推动下恢复与发展起来。财政部《关于成立会计顾问处的暂行规定》要求，各省市根据需要和现有条件逐步设立会计顾问处，承办会计公证、咨询等业务。之后，“会计顾问处”改称“会计师事务所”，仍由其主管单位发起设立，会计师事务所是挂靠单位下属的附属机构。

发布行业法律制度支持重建。1986 年 7 月，国务院颁布《注册会计师条例》，对注册会计师考试、注册、业务范围、工作规则、会计师事务所等内容进行规定。1988 年 11 月，国务院颁布《中华人民共和国审计条例》，规定了社会审计组织的法律地位和业务范围。《注册会计师条例》等法律制度的实施，对于规范我国刚刚恢复的会计市场秩序，保护注册会计师依法执业，约束注册会计师执业行为，具有重要的推动作用和积极意义，标志着我国注册会计师事业的发展进入了一个新阶段。

成立协会承担行业管理职能。20世纪80年代后期，我国注册会计师行业已初具规模。此时，借鉴市场经济国家对注册会计师行业的管理模式，成立全国性的注册会计师行业组织，已成为改革开放和行业发展的迫切需求。1988年11月，中国注册会计师协会（以下简称中注协）成立。随后各地方相继组建省级注册会计师协会，为行业全面恢复重建和发展奠定了组织基础。

上述措施立足国情和现实需要，推动行业在人员队伍、执业机构、立法保障和管理组织4个方面加快发展。至1991年前后，全国已有会计师事务所459家，注册会计师6722人，承办“三资企业”纳税申报、查账、验资、外汇收支报表审查等业务，在吸引外资、优化市场环境等方面发挥了积极的促进作用。

二、规范发展阶段(1991—1998年)

1990年11月和1991年7月,上海证券交易所和深圳证券交易所相继成立。1992年春天,邓小平同志发表南巡讲话,解决了中国经济体制改革发展的方向问题,同时也为深化会计改革创造了良好的环境。1992年年底,党的十四大明确了中国经济体制改革的目标是建立社会主义市场经济体制,并提出要"以公有制包括全民所有制和集体所有制为主体,个体经济、私营经济、外资经济为补充,多种经济成分长期共同发展"。

随着改革开放的持续深入和建立市场经济体制目标的确立,尤其是企业制度的变革和资本市场的发展,市场经济体系的逐步完善对注册会计师行业发展和执业人员素质提出了更为迫切的需求,要求注册会计师行业在制度基础、体系结构和市场环境等方面走规范化、法制化发展轨道。鉴于此,注册会计师行业重点开展了建立考试制度、制定行业执业标准、开展行业人才培养、建立行业法规、规范市场秩序等基础性工作。

建立注册会计师全国统一考试制度。1991 年,建立注册会计师全国统一考试制度并首次举办注册会计师全国统一考试,拉开了通过规范、严格的考试渠道认定注册会计师的序幕,明确了注册会计师的衡量标准,规范了行业人才选拔和培养工作,为注册会计师专业化、规范化发展奠定了坚实的人才基础。

建立注册会计师执业标准。1991—1993 年,中注协先后发布检查验证会计报表规则等 7 个执业规则。在此基础上,1994 年,成立中注协独立审计准则组,参照国际惯例研究制定中国独立审计准则,先后制定实施了 6 批共计 48 个准则项目,基本形成包括独立审计基本准则、职业道德基本准则、质量控制基本准则、后续教育基本准则,以及具体准则和实务公告在内的注册会计师独立审计准则框架体系,为规范注册会计师执行审计业务,提高执业质量和队伍素质,维护社会公众利益,发挥了重要作用。

开展注册会计师行业人才培养。国务院高度重视注册会计师行业人才培养工作，并将行业人才培养工作提升到战略发展的高度。1994 年，国务院办公厅印发《关于大力开展注册会计师培训工作的会议纪要》，成立由财政部、国家计委、国家经贸委、国家体改委、国家教委、人事部、审计署、中国人民银行八个部委领导组成的注册会计师培训工作领导小组，决定筹建 3 个注册会计师全国培训中心，先后在 23 所高校设立注册会计师专业方向。1995 年，行业制定实施《注册会计师后续教育培训制度（试行）》，全面推进注册会计师继续教育，提高注册会计师专业胜任能力和职业道德水平，逐步形成了行业人才培养机制、继续教育组织体系和后备人才培养模式。

完成注册会计师行业立法。1993 年 10 月 31 日，第八届全国人民代表大会第四次会议审议通过《注册会计师法》，对注册会计师资格取得、会计师事务所设立、业务范围、执业准则、法律责任以及注册会计师协会职责作出规定，全面规范注册会计师行业的建设发展，使注册会计师行业成为最早拥有专门立法的专业服务业，标志着我国注册会计师事业进入了法制化的新时期，是我国注册会计师事业发展史上的重要里程碑。

规范会计市场秩序。1995 年 6 月 19 日，经国务院批准，中国注册会计师协会与中国注册审计师协会联合，组成新的中国注册会计师协会，对社会审计行业实行统一管理，开创了统一法律规范、统一执业标准、统一监督管理的行业发展新局面。1993—1998 年年底，根据国务院领导关于“做扎实工作，整顿会计师行业”的指示精神，围绕“清师、清所、清业务”三方面任务，清理注册会计师队伍和会计师事务所执业资质。同时，制定发布注册会计师注册办法、任职资格检查办法、事务所审批和监督办法、分所设立办法等制度，建立健全了行业管理规范体系。

三、体制创新阶段(1998—2004 年)

1997 年，党的十五大确立了社会主义初级阶段基本经济制度，强调坚持和完善社会主义市场经济体制，使市场在国家宏观调控下对资源配置起基础性作用，强调坚持和完善对外开放，积极参与国际经济合作和竞争。2002年,党的十六大提出建设完善的社会主义市场经济体制和更具活力、更加开放的经济体系的战略部署,要求进一步深化经济体制改革,进一步克服影响我国社会生产力发展的体制性障碍,不断为经济发展和社会全面进步提供强大动力。

破解影响市场经济发展体制性障碍成为时代主题,迫切需要在建立以市场配置资源为主的管理体制,完善合理的所有制结构,营造非公有经济发展的良好环境和转变政府职能等方面实现体制创新。这一时期,中国资本市场逐步完善,市场经济要素活力迸发,个体经济、私营经济、外资经济迅速发展,会计审计服务的需求显著增强,会计信息需要公开,审计质量需要提高,投资者利益需要保护,公平、诚信等成为中国市场经济运行的必备法则。为了适应社会主义市场经济体制改革的新形势,注册会计师行业通过会计师事务所脱钩改制、完善行业管理体制、建立行业监督检查机制和确立诚信建设主线等方面创新体制机制,进入通过体制创新激发行业发展活力的新阶段。

会计师事务所脱钩改制。注册会计师行业恢复重建时，会计师事务所挂靠于党政机构、企事业单位，作为事业单位管理。随着经济体制改革的深化，客观上要求对会计师事务所的挂靠体制进行改革和创新。1998—1999 年年底，在财政部的领导下，注册会计师行业率先在专业服务业完成脱钩改制，会计师事务所实现了与挂靠单位在“人事、财务、业务、名称”四个方面的彻底脱钩，改制成为以注册会计师为主体发起设立的“自我发起、自主经营、自担风险”的独立专业服务机构。

完善行业管理体制。为了适应会计师事务所脱钩改制后的新形势，注册会计师行业积极探索和完善管理制度和运行机制。2003 年 6 月，中注协制定发布《关于加强协会自律管理体制建设的指导意见》，建立以理事会和常务理事会为核心的决策组织体系，以会员为中心的行业管理服务职能，以及以秘书处为主体的协会执行体系，注重发挥会员代表大会、常务理事会、理事会、专门（专业）委员会等行业组织机构的决策管理职能。

创新行业监督检查机制。为了加强行业管理和监督，各级协会推进行业资格管理、执业监管等行业监管制度创新，逐步建立起包括注册会计师年检制度、上市公司年报审计监管和业务报备制度、谈话提醒制度、会计师事务所执业质量检查制度、行业惩戒制度等在内的行业监管体系。2004 年 3 月，中注协发布《会计师事务所执业质量检查制度（试行）》，对会计师事务所实行 5 年一个周期的全面检查，教育和惩戒相结合，督促会计师事务所提高执业质量。同时把证券、期货、金融行业审计作为执业质量检查的重点，建立上市公司年报审计业务报备及分析制度，形成对上市公司审计事前、事中、事后相结合的监管机制。

确立诚信建设主线。2002 年，中注协确立了以诚信建设为主线的行业发展思路，将行业的人才建设、标准建设、继续教育、执业质量监管等各项工作纳入诚信建设的框架，建立行业诚信信息监控系统，将会员信息、执业经历、奖励惩罚等情况向社会公众开放查询。树立“诚信为本，操守为重，坚持准则，不做假账”的行业理念，塑造“独立、客观、公正”的职业形象，发布《诚信建设纲要》，实施新批注册会计师诚信宣誓制度。

四、国际发展阶段（2005 年以来）

进入 21 世纪，经济全球化进程加速，全球经济格局深度调整。在中国加入世界贸易组织（WTO）后，“走出去”成为中国企业的重大取向，境外上市、对外投资、对外贸易加速了中国经济与世界经济的融合。2003 年，党的十六届三中全会对新时期经济体制改革作出新的部署，要建设统一开放竞争有序的现代市场体系和促进经济社会可持续发展机制，强调完善社会信用制度和增强企业参与国际合作和竞争的能力。

我国社会经济改革的深入推进，国内市场经济体系的逐步完善，客观上要求经济发展方式向全面、协调、可持续发展方向转变。作为市场经济的主体，企业经营将逐步由粗放式、资源消耗型向集约化、科技进步型转变，企业发展应承担更多的社会责任，企业信息必须更加完整、透明、开放。这些都要求注册会计师行业的发展必须面向世界、面向未来，为经济转型服务，为企业“走出去”服务。在2008年全球金融危机爆发后，高质量的会计信息和审计鉴证在经济中的重要作用受到国际社会的空前关注，将注册会计师审计维护市场经济秩序的重大作用提到前所未有的高度。

在这一背景下，中国注册会计师行业提出了以国际化发展为核心的战略框架。2004年11月，中注协召开第四次全国会员代表大会，确定坚持以诚信建设为主线，以国际化发展为导向的建设思路，启动实施行业人才培养、准则国际趋同、事务所做强做大等行业发展战略。2010年11月，中注协第五次全国会员代表大会将新业务拓展和行业信息化纳入行业发展战略，从而形成行业发展五大战略体系。几年来，行业紧紧围绕服务国家建设主题，围绕国际化发展目标，开展了以五大战略为核心的行业建设工作。

事务所做强做大战略。一方面，支持大型事务所形成规模化发展，支持大型事务所国际化发展，服务中国企业“走出去”战略；另一方面，支持中小事务所做精做专，推动中小事务所提升注册会计师审计专长，提升专业服务能力。

2007 年 6 月，中注协发布和实施《关于推动会计师事务所做大做强的意见》《会计师事务所内部治理指南》，全面启动事务所做强做大战略。2007 年 12 月，国务院九部委联合发布《关于支持会计师事务所扩大服务出口的若干意见》，支持有条件的事务所积极“走出去”，建立国际化服务网络，树立国际化品牌，服务中国企业“走出去”战略。2012 年 6 月，中注协发布《关于支持会计师事务所进一步做强做大的若干政策措施》，向符合条件的事务所发放奖励补助资金，支持事务所做强做大。在此基础上，发布事务所章程（合伙协议）范本，推动事务所内部治理机制建设；制定实施《关于提升注册会计师行业服务金融业发展能力的若干意见》，推动事务所提升高端服务能力。同时，积极推动和指导中小事务所做精做专，发布《关于规范发展中小会计师事务所的意见》。

战略实施以来，事务所跨境服务能力得到提升，19 家事务所加入国际会计公司，70 家事务所在境外设立分支机构、成员机构或联系机构 90 家，实现了中国香港、美国、东盟、西亚等境外市场的业务拓展。

行业人才培养战略。加强继续教育，重视注册会计师胜任能力的培养，注重提高职业判断能力，通过选拔领军人才带动整体素质水平的提升；改革注册会计师考试制度，分为专业阶段和综合阶段两个阶段，实行计算机化考试改革；加强行业后备人才队伍培养，选拔高等院校注册会计师专业方向学生赴境外会计师事务所实习，举办注册会计师专业方向院校师资培训班。

2005 年 6 月，中注协发布《关于加强行业人才培养工作的指导意见》，即人才培养“三十条”，标志着行业人才培养工作进入了战略发展的新阶段。2006 年 9 月，修订发布《中国注册会计师继续教育制度》。2007 年 10 月，制定发布《中国注册会计师胜任能力指南》，为推进行业人才教育、选拔、培训等工作及相关制度的改革完善，提供了重要的理论基础和指导。2007 年，启动注册会计师考试制度改革工作，设立注册会计师全国统一考试英语测试。2009 年 3 月，财政部发布新修订的《注册会计师全国统一考试办法》，对考试制度进行改革，将注册会计师考试划分为专业阶段考试和综合阶段考试。2011 年 12 月，发布《中国注册会计师行业人才发展规划(2011—2015 年)》，明确提出了行业人才建设的指导思想、总体思路和发展目标。2012 年 6 月，制定《注册会计师考试实行计算机化考试实施方案》，实施注册会计师考试计算机化改革。

经过多年的实践和发展，已经形成了以“三十条”和行业人才发展五年规划为指导，以《中国注册会计师胜任能力指南》为理论基础，以考试选拔注册会计师为根本途径，以行业领军人才和国际化人才培养为重点，以行业后备人才培养为重要补充，分阶段、分层次、点面结合、自主培养与联合培养相结合的人才培养机制。在考试选拔方面，已成功举办注册会计师考试 22 次，累计 415 万人报名参加，188 万人次取得单科合格成绩，17.8 万人取得全科合格证书；实现考试国际化，先后在中国香港、比利时布鲁塞尔、中国澳门设立考场。在高端人才培养方面，自 2005 年起，以国际化人才培养为重点，实施行业领军(后备)人才培养工程，截至 2013 年共选拔培养10批279名行业领军(后备)人才,培养熟悉国际商务规则、适应国际审计环境的国际化专业人才和管理人才。国际化人才培养方面,自2006年起,与2家境外会计职业组织作出考试科目互免安排,支持和资助112名注册会计师通过联合培养项目取得境外执业资格;在中国香港、中国澳门设立中国注册会计师考试考场,在比利时布鲁塞尔设立中国注册会计师考试欧洲考区,吸引国际化人才加入中国注册会计师队伍。后备人才培养方面,自2005年起,选拔9批共777名注册会计师专业方向优秀学生赴境外事务所实习,连续举办9期注册会计师专业方向院校师资培训班,培训师资280多人次、建立了教学质量评估制度,进而建立起行业后备人才培养机制,不断提高注册会计师专业方向院校教学质量,培养国际化后备人才。

准则国际趋同战略。建立完善了以《中国注册会计师执业准则》《中国注册会计师职业道德守则》为主体的专业标准体系,与国际标准持续全面趋同。

2006年2月15日,财政部发布包括48项审计准则的新审计准则体系，标志着我国已经建立起适应市场经济发展要求、与国际趋同的审计准则体系。国际审计与鉴证准则理事会（IAASB）与中国审计准则委员会签署联合声明，宣布中国审计准则与国际审计准则实现趋同。2010 年 11 月，财政部发布新修订的审计准则，保持与国际审计准则的持续全面趋同。2009 年 10 月，中注协发布《中国注册会计师职业道德守则》和《中国注册会计师协会非执业会员职业道德守则》，实现了与国际会计师职业道德守则的全面趋同。2011 年年初，欧盟通过决议，确认中国审计监管体系与欧盟审计监管体系等效。2013 年，中注协翻译出版了《国际审计准则》和《国际职业会计师道德守则》中文译本，推进中国大陆及香港、澳门、台湾地区会计语言精准化、标准化和通用化。中国会计审计准则改革，被誉为发展中国家和经济转型国家的典范，受到国际会计师联合会、世界银行等组织的高度认可。

中注协还相继制定了《企业内部控制审计指引》及配套实施意见《高新技术企业认定专项审计指引》《医院

财务报表审计指引》《基金会财务报表审计指引》《外汇收支情况表审核指导意见》《外商投资企业外方权益确认表审核指导意见》以及6项审计准则问题解答等一系列审计指引和指导意见，建立起涵盖新型业务领域和技术要求的执业规范体系。

新业务拓展战略。通过建立会计服务示范基地和会计服务试点项目，推动区域经济发展和会计服务拓展。发布《注册会计师业务指导目录》，对注册会计师业务项目进行全面梳理和持续更新。

2009年10月，国务院办公厅转发财政部《关于加快发展我国注册会计师行业的若干意见》（国办发〔2009〕56号），是新时期、新阶段指导注册会计师行业中长期发展的纲领性文件，体现了国家对注册会计师行业发展的高度重视，为加快行业发展提供了新的契机。以此为契机，中注协提出“将服务经济社会转型升级、提升行业服务效能、积极拓展行业服务新领域作为实现行业跨越式发展的突破口”。2010年8月起，中注协携同地方注协，与地方政府、政府部门、行业组织等合作，围绕国家重点领域、重点区域、重点项目，先后创建了苏州工业园区会计服务特色等 11 个会计服务示范基地和河北农业综合开发项目监督检查等 3 个会计服务试点项目。2010 年 9 月起，中注协定期发布《注册会计师业务指导目录》，对注册会计师行业为经济社会各个领域提供服务的业务项目进行全面梳理和持续更新。

目前，《注册会计师业务指导目录（2014 年）》所列注册会计师业务项目共计 436 项，其中鉴证业务 271 项，相关咨询服务业务 165 项。新业务拓展战略服务经济社会发展的效果已经显现，拓展了包括新型鉴证业务、战略咨询业务在内的各类新领域业务，增加了专业服务市场容量，一定程度上缓解了当前行业过度竞争、竞相压价等问题，有效建立起新的业务增长点。

行业信息化战略。打造符合审计准则要求的、体现风险导向审计理念的大型事务所审计信息系统，建设行业管理信息系统，持续建设完善行业共享服务知识库，推动中国注册会计师行业紧跟信息时代发展步伐。

为了推进行业跨越式发展，中注协“五代会”确定了实施行业信息化战略，并将其作为行业未来 5 年的核心任务和行业实现跨越式发展的战略支点。2011 年 10 月，中注协发布《中国注册会计师行业信息化建设总体方案》，计划用 5 年时间，通过“2011 年制定规划、2012 年建设系统、2013—2015 年整合应用”三步走，实现行业信息化接近或达到国际水平，促进行业跨越式发展和服务经济社会能力的整体提升。2012 年 2 月，中注协印发《中国注册会计师行业信息化建设主要工作任务分解表》《中国注册会计师行业信息化应用功能描述》和《中国注册会计师行业信息化建设指南》等配套文件，建立完善行业信息化战略制度规范体系。2012 年 12 月，完成行业管理信息系统（二期）建设，提升了行业管理和服务效率。2012 年以来，中注协先后组织建成了网络法律法规库和经济数据库，免费为全国 8000 余家会计师事务所和地方注协开通法律法规库，为证券资格会计师事务所（以下简称证券事务所）配发 1500 个经济数据库端口账号。2013 年 4 月，启动网络信息安全升级改造项目，计划用两年时间使信息系统达到国家安全等级保护三级标准。2013 年 10 月，完成全国注协系统高清视频会议系统建设。2014 年 1 月，中注协指导用友公司开发的大型会计师事务所审计软件正式推出。

党中央、国务院对注册会计师事业给予高度重视和大力支持。2009 年 10 月，国务院办公厅转发财政部《关于加快发展我国注册会计师行业的若干意见》(国办发〔2009〕56 号)，是新时期、新阶段指导注册会计师行业中长期发展的纲领性文件。2009 年 10 月 15 日，经财政部党组批准，成立中国注册会计师行业党委，作为全国第一家全国性专业服务行业党委，成为社会组织党建重要的体制创新。2009 年以来，习近平、李克强、李源潮等中央领导先后多次作出重要批示。2012 年 4 月，习近平同志作出重要批示，要求注册会计师行业要“紧紧抓住服务国家建设这个主题和诚信建设这条主线”，对行业科学跨越发展提出了新期望和新要求，为行业发展指明了方向。

（执笔：陈毓圭、常志安、鲁冰）

中国注册会计师行业建设十大体系

伴随我国市场经济的发展和改革开放的深入推进，中国注册会计师行业在服务改革开放和国家建设的历史进程中不断成长壮大，形成了行业发展与市场需求良性互动的行业建设十大体系。

一、以服务经济社会发展为导向的鉴证服务体系

注册会计师行业是我国市场经济发展和市场秩序维护的重要审计监督与专业服务力量。当前，已经基本建立起以审计鉴证业务为核心、咨询业务为拓展、会计服务示范基地创新探索为支点，全面服务经济社会发展的鉴证服务体系，在支持经济发展方式转变、社会管理创新和政府职能转变等方面发挥了重要作用。

注册会计师行业的服务对象从最初主要为“三资”企业提供纳税申报、资本验证、审查账目、外汇收支报表审查等业务，发展到为所有企业提供财务报表审计业

务，服务于国有企业、上市公司、股份有限公司，以及政府部门、医院、高校、社会团体等非营利组织，注册会计师服务的企业、行政事业单位超过 350 万家。

注册会计师的服务内容从传统的审计鉴证拓展到包括企业内控制度设计、会计服务外包、管理咨询、税务代理等咨询服务业务。同时，持续跟进生态环保节能建设、资本市场和金融领域改革、政府购买会计服务等领域的改革和服务需求，开发了碳排放审计、高新技术企业认定等新型审计鉴证服务，提供外汇年检、海关稽查、国有资产监督管理等专业服务。

二、以胜任能力为导向的考试评价体系

注册会计师全国统一考试是行业人才评价选拔的中心环节，在引导专业人才成长、评价会计人才资质、选拔充实行业人才队伍等方面发挥着基础性作用。

注册会计师考试以《注册会计师法》《注册会计师全国统一考试办法》为指导，以《中国注册会计师胜任能力指南》《职业会计师国际教育准则》为评价依据，建立了

包括考试组织、试题保密、违规处罚、阅卷规则等环节在内的考试质量保证机制，打造了以财政部考办和省级考办为主体，各级财政部门和注册会计师协会上下贯通、功能健全的考试组织队伍，形成了较为完备的考试基本制度、质量保证机制和组织管理体系，建立起符合终身学习理念和充分体现胜任能力评价要求的考试评价体系。

当前，注册会计师全国统一考试已全面实现计算机化，考试分为专业阶段和综合阶段两个阶段，专业阶段考试设会计、审计、财务成本管理、经济法、税法、公司战略与风险管理 6 科，综合阶段进行职业能力综合测试。在考试科目豁免方面，与香港会计师公会和英格兰及威尔士特许会计师协会签订部分考试科目互免协议。目前，注册会计师考试已成功举办 22 次，累计 415 万人报名参加，188 万人次取得单科合格成绩，17.8 万人取得全科合格证书。除中国内地外，在中国香港、中国澳门、比利时布鲁塞尔设立中国注册会计师考试考场，累计 555 名港澳台居民及外国籍公民通过了中国注册会计师考试。

三、以严控“门槛”为导向的注册准入体系

对注册会计师进行注册、管理和任职资格检查，是《注册会计师法》赋予注册会计师协会的重要职能，也是保持注册会计师基本素质和执业水平的必要措施，是行业发展的基础和前提。

围绕贯彻落实《注册会计师法》，财政部和中注协先后制定发布了注册会计师注册、任职资格检查、事务所审批、境外事务所临时执业等一系列行业管理制度，建立起以《注册会计师法》为中心，涵盖注册会计师注册、管理和检查等方面，完整评价注册会计师胜任能力、有效保障行业队伍能力和诚信水平的注册准入体系。

在此基础上，建立了以“注册”为枢纽的行业诚信信息监控体系，全面记录会员执业经历、任职资格、执业质量、惩戒奖励等信息并及时向公众披露，提高行业管理的透明度和信息化水平，接受社会公众的监督。2005—2013 年，共有 13400 余名注册会计师因未通过年检而被撤销或者注销注册会计师资格。

四、以国际趋同为导向的执业标准体系

高质量的执业标准体系，是注册会计师行业诚信执业的技术基础，是推动行业规范化、专业化发展的“龙头”，是衡量注册会计师执业质量的权威标准，也是审计理论研究、教学教材建设的重要推动力量。

注册会计师执业标准体系框架包括以审计准则为核心的执业标准、以职业道德守则为载体的职业道德规范和以提高会计师事务所风险控制为目的的质量控制标准，其中注册会计师执业标准涵盖 2006 年和 2010 年先后发布的 48 项审计准则，以及近年发布的一系列审计指引、指导意见、指南和问题解答等。

推进并保持执业标准持续全面趋同，是行业国际化发展的技术支撑，也是服务中国经济国际化发展的必然要求。目前，中国注册会计师执业标准已经实现与香港审计准则和职业道德守则的等效互认，并得到了国内外的充分肯定和认可。国际审计与鉴证准则理事会(IAASB)、世界银行(WBG)对此给予高度评价，认为“中国改进会计审计准则和实务质量的战略已成为良好

典范，可供其他国家效仿”。国际会计师联合会（IFAC）对中国将国际审计准则融入中国审计准则并持续动态趋同的积极立场给予高度赞赏和肯定。审计准则体系实现与国际审计准则的趋同，使我国注册会计师行业与国外同行处于同一技术平台，为会计师事务所做强做大和“走出去”奠定了坚实的基础。

五、以终生学习为导向的继续教育体系

注册会计师以智力资本、专业知识和实务经验为基础向社会公众提供高端服务。开展继续教育，持续保持并不断提高专业知识能力和执业水平，实现“要我学”向“我要学”的理念转变，对于加强行业人才队伍建设具有重大意义。

注册会计师行业继续教育体系主要包含制度基础、培养模式与培训组织三方面。一是建立以保持会员胜任能力为导向的制度基础，其中，《关于加强行业人才培养工作的指导意见》（即人才培养“三十条”）全面指导行业人才工作，《中国注册会计师胜任能力指南》确立了注

册会计师教育、考试、培训等方面的具体目标和实现途径,《中国注册会计师继续教育制度》及其补充规定规范了注册会计师参加继续教育培训的学时规定、培训方式与评价标准,《中国注册会计师协会非执业会员继续教育暂行办法》结合国际通行做法制定了非执业会员继续教育的申报、组织与认证的程序框架。二是建立"分阶段、分层次"的注册会计师行业人才培养模式,开展以保持胜任能力为目标的注册会计师继续教育培训,重点组织开展行业领军(后备)人才和国际化人才培养,推动高等院校注册会计师专业方向建设作为行业后备人才的重要来源。三是建立"自主培养与联合培养相结合"的行业人才培养组织体系,包括中注协和地方注协组织开展的注册会计师继续教育、领军(后备)人才培训和非执业会员继续教育,符合条件的会计师事务所自主开展内部培训,北京、上海、厦门3所国家会计学院作为联合培养基地开展面向行业领军(后备)人才和会计师事务所骨干的高端培训,与境外会计职业组织联合开展的高端人才培训,等等。

行业继续教育培训方式主要有远程(视频)教育培训班、面授培训班、研讨班、研修班等形式,全国 31 个省、自治区、直辖市注协已开通远程教育网络,年均培训规模近 2 万人次,3 所国家会计学院年均培训 6000 余人次。通过行业领军(后备)人才培训项目,分 10 批选拔出 279 名行业领军人才培训班学员,已有 58 名学员顺利毕业。与英格兰及威尔士特许会计师协会、澳洲会计师公会、香港会计师公会合作推进 ACA、IPP、QP 联合培养项目,112 名注册会计师取得相关国家和地区的执业资格。截至 2013 年年底,共有 19 所高等院校设立注册会计师专业方向,在校生达 6000 余人,毕业生近 3 万人,中注协先后选拔 9 批计 777 名注册会计师专业方向优秀学生赴境外实习。

六、以诚信道德和执业质量为导向的监督检查体系

执业质量是注册会计师行业生存发展的生命线。加强诚信教育和诚信约束,开展执业质量检查,对于提高行业职业道德水平和执业质量至关重要。

注册会计师行业已经构建起以上市公司年报审计质量为重点的年报审计监管路径，以教育提高和惩戒警示为目标的事务所执业质量检查、惩戒和申诉制度，以"注册"为枢纽的行业诚信信息监控体系，以专业胜任能力为导向的任职资格检查制度，行业监管体系日趋完善。其中，会计师事务所执业质量检查以贯彻落实风险导向的监管理念为核心，将执业质量检查工作重心定位在系统风险检查，对证券事务所每3年检查一遍，对其他事务所每5年检查一遍，采用以"周期性、独立监管、风险导向检查路径"为特征的系统风险检查方法，实现与国际主要监管制度的趋同。

2011年，欧盟委员会通过决议，认可我国审计监管制度与欧盟等效。2004—2013年，各级注协共检查事务所14020家次，对存在问题的2229家事务所和4237名注册会计师给予行业惩戒。

七、以会计师事务所"走出去"为导向的国际合作体系

注册会计师行业高度重视国际交流与合作，积极打

造注册会计师行业国际合作交流平台，利用国际资源和借鉴国际经验推动行业发展，为行业战略实施和国际化发展创造有利条件，助推行业“走出去”，形成了多层次、多种方式参与国际会计事务、开展国际交流的国际合作体系。

中注协积极参与国际事务，提升中国注册会计师行业在国际会计师行业的地位和话语权。中注协先后于 1996 年和 1997 年加入亚太会计师联合会（CAPA）和国际会计师联合会（IFAC），并持续担任其理事或推荐代表在其任职。目前，行业派出和推荐代表共 7 人在国际会计师联合会、亚太会计师联合会、国际审计与鉴证准则理事会、国际会计师职业道德准则理事会、中小事务所委员会等国际和区域性会计职业组织中任职，积极参与重大国际会计审计事务决策和国际规则的制定。

中注协与主要国家和地区会计师职业组织建立了密切的交流关系和互访关系。截至 2013 年年底，中注协与 50 多家境外会计职业组织建立友好交往关系，并先后与其中 20 多家签署 30 余项合作协议和备忘录。

积极推动会计师事务所“走出去”。19家事务所加入国际会计公司，70家事务所在境外设立分支机构、成员机构或联系机构。

八、以做强做大为导向的发展战略体系

行业发展五大战略是实现行业跨越发展的重大战略安排，是“十二五”时期行业工作的重大任务，其中，以做强做大为导向，以人才培养战略、准则国际趋同战略、新业务拓展战略、行业信息化战略为支撑。

制定实施支持会计师事务所做强做大的意见，推动大型会计师事务所做强做大走向国际，实行品牌化经营；发布规范发展中小会计师事务所的意见，推动小所做精做专，形成差异化发展格局，减少事务所业务同质化竞争压力，促进其规范发展，诚信经营，为行业做强做大奠定坚实的基础。与此同时，实施人才培养战略，为做强做大提供人才支撑；实施准则国际趋同战略，为做强做大“走出去”消除技术障碍；实施新业务拓展战略，为做强做大提供市场支持；全面推进信息化战略，用信

息技术全面装备注册会计师行业。

当前,会计师事务所竞争力和发展能力显著提高。2013 年度,全行业实现业务收入 563.21 亿元,连续多年保持两位数的快速增长,并领先于全球会计行业的增长水平。为全国 350 万家以上的企业、行政事业单位提供专业服务,为近 2500 家上市公司提供审计鉴证等专业服务,业务地域遍及美国、新加坡、日本、澳大利亚、马来西亚及中国香港等国家和地区。

九、以政治保证为导向的党建工作体系

党的十七大以来,党中央高度重视社会组织党建工作。在中央组织部的支持和指导下,成立了财政部党组领导下的中共中国注册会计师行业委员会,作为行业党建的领导机构。行业党建工作紧密结合行业实际,坚持党建与业务齐抓共推,创建了"条块结合、充分发挥行业党组织作用"的行业党建工作管理体制,较快实现了行业党的组织和工作"全覆盖",探索了一条加强社会组织党建工作的新路子。

自2009年以来，行业党委先后围绕体制、机制、制度、网络、诚信等建设开展主题年活动，在破解党建与业务结合难题、克服党建和业务建设薄弱环节、提高党建与业务建设水平等方面取得成效。截至2013年年底，各省（区、市）以及经济较发达、事务所和从业党员较多的199个地市均成立了注册会计师行业党委（党总支），全国共有会计师事务所党组织3361家，党员37722人。2011年以来，行业内有2人当选党的十八大代表，1人当选第十二届全国人大代表，5人当选第十二届全国政协委员，3个行业党委获“全国先进基层党组织”荣誉称号，6个基层党组织和1名共产党员受到全国创先争优专项表彰，10名注册会计师荣获“全国优秀会计工作者”荣誉称号和“全国五一劳动奖章”。

十、以服务、监督、管理、协调为导向的行业组织体系

注册会计师协会作为注册会计师行业法定管理机构，充分发挥其在行业管理中的重要作用，是社会管理体制的重要创新。经过多年的探索，目前已形成法律授

权、政府监督、民主管理、党建保障“四位一体”的治理结构，协会理事会和常务理事会发挥对行业重大事项的民主决策和管理职能，保障会员主体地位和参与民主管理的权利。注册会计师协会在财政部门党组领导下开展行业管理和服务，承担《注册会计师法》赋予的职能、财政部门党组委托和协会章程规定的职能。各级协会坚持服务、监督、管理、协调的办会宗旨，坚持为注册会计师服务与为公众服务的统一，坚持行业管理与行业服务的统一，坚持党的领导与民主管理的统一，积极拓展管理服务领域，提升管理服务效能，加大协调推动力度，形成了强有力的行业组织体系。

（执笔：陈毓圭、常志安、鲁冰）

2013 年中国注册会计师行业发展总报告

2013 年是中国经济发展进程中极不平凡的一年。我国经济在经历 30 多年的高速发展之后步入改革开放"深水区"，粗放型经济发展模式、产业结构性失调、经济发展与社会建设不平衡等矛盾和问题亟须解决。在经济形势纷繁复杂的情况下，党的十八大和十八届三中全会作出了全面深化改革的战略部署，提出要促进战略性新兴产业健康发展，推动服务业特别是现代服务业发展壮大，高度重视发挥包括注册会计师行业在内的高端服务业在促进转变经济发展方式、完善现代市场体系、转变政府职能、深化财税体制改革和实现社会管理创新进程中的重要作用。

2013 年也是注册会计师行业改革发展的重要一年。注册会计师行业在各级财政部门党组和理事会的正确领导下，以习近平总书记关于注册会计师行业要"紧紧抓住服务国家建设这个主题和诚信建设这条主线”的重要批示精神为指导，积极应对世界经济持续低迷、国内经济增速放缓、市场竞争加剧等对行业带来的一系列重大挑战，行业“诚信文化建设年”主题活动全面推进，行业发展五大战略持续深化实施，行业服务经济社会的领域和能力持续拓展提升，行业发展呈现新的可喜局面。

一、2013 年行业发展基本情况

2013 年，注册会计师行业诚信建设得到进一步巩固和发扬，五大发展战略实施实现新突破，事务所做强做大效应日益凸显，准则国际趋同和新业务拓展持续深化，人才培养和信息化建设稳步推进，机考改革和监管改革进一步深化，协会建设进一步加强，行业面貌得到新的改善和提升。

事务所规模保持稳定。截至 2013 年 12 月 31 日，全国会计师事务所有 8208 家，注册会计师 98625 人，非执业会员 95472 人，从业人员超过 30 万人，为全国 350 万家以上的企业、行政事业单位提供专业服务，为近

2500家上市公司提供审计鉴证服务。

业务收入再创新高。2013年，行业业务收入再创新高，年度业务收入达563.21亿元，连续多年保持两位数的快速增长，并领先于全球会计行业的增长水平。市场结构进一步优化，审计质量稳步提升，取得了良好的社会效益和经济效益。

行业吸引力持续增强。2013年度注册会计师全国统一考试专业阶段考试有57万人报名，累计报考科次达到152万科次；综合阶段考试有2.2万人报名。约12万人科次取得专业阶段单科合格成绩，12336人通过综合阶段考试。

行业诚信文化进一步巩固提升。2013年，在全行业开展“诚信文化建设年”活动，组织开展“注册会计师职业精神”提炼活动，编写出版全面总结行业诚信建设实践的专题出版物——《诚信之路》，在注册会计师考试、会员继续教育中强化诚信考察和诚信教育，把综合治理行业不正当低价竞争作为推进行业诚信文化建设的有力抓手和重点领域，夯实行业诚信文化基础，将诚信理念贯穿到行业工作的全过程和各个环节，以诚信文化建设引领和带动行业建设各个领域的工作。

二、2013年行业发展战略实施情况

以事务所品牌建设和落实扶持措施为抓手，持续推进事务所做强做大战略。发布《关于提升注册会计师行业服务金融业发展能力的若干意见》《会计师事务所品牌建设指南（征求意见稿）》等文件，指导推动事务所做强做大；组织事务所参加“走出去”推介团和贸易谈判团，推动事务所“走出去”；对符合做强做大扶持条件的事务所发放奖励资金1000余万元；推动证券事务所完成转制为特殊普通合伙组织形式；在第二届“京交会”上，以“会计行业的品牌化和国际化——会计服务贸易价值提升新引擎”为主题，举办会计服务贸易合作签约和新闻发布活动，展示行业规模化、国际化、品牌化的建设成果；连续11年发布事务所综合评价全国前百家信息，不断强化和扩大前百家信息的影响力。

以人才培养规划为指导，深化行业人才培养战略。

深化机考改革，修订《注册会计师全国统一考试办法》和考试档案管理办法，启动考试题库建设，规范考试外包服务工作人员保密安全，完善考试安全工作。加强行业人才培养，以培训注册会计师服务专长为重点，完成注册会计师继续教育近10万人次，专门举办了3期中小事务所培训班，面向非执业会员举办远程培训和专题报告会；选拔32名金融审计方向行业领军（后备）人才，23名学员经过6年持续培养顺利毕业；选送83名学生赴国际会计公司境外机构实习；与全国600余所高校会计院（系）开展对话交流合作。

推进准则贯彻实施，巩固准则国际趋同成果。为加强审计准则贯彻实施的指导，针对审计实务相关问题，发布职业怀疑、函证等6项审计准则问题解答，并就会计分录测试、重要性及评价错报等7项问题解答发布征求意见稿，起草《商业银行审计指引》。配合企业内部控制审计的实施，发布《企业内部控制审计问题解答（征求意见稿）》，编写《上市公司2012年度内部控制审计报告分析报告》。编译出版《国际审计准则》和《国际职业会计师道德守则》中文译本，同时积极参与国际标准的制定工作，提高参与国际规则制定的话语权。

以提升行业服务能力为目标，深入实施新业务拓展战略。修订《注册会计师业务指导目录》，业务指导目录项目达 436 项；积极推进会计服务示范基地“10＋3”评价机制，新创建新疆中亚区域经济合作示范基地；举办 2013 年海峡两岸及港澳地区会计师行业交流研讨会，为中小事务所交流合作和业务拓展搭建平台；发布《在做强做大战略中实现中小会计师事务所做精做专》专题报告，组织开展两岸四地中小事务所合作交流。

以实现信息整合应用为重点，扎实推进行业信息化战略。完成行业管理信息系统（二期）并上线运行，行业高清视频会议系统、远程教育培训系统和注册会计师全国统一考试中央监控系统正式运行，开展协会网络信息安全升级改造。推动事务所信息化建设和服务，建设行业法律法规库、行业经济数据库，开发完成中国注册会计师审计信息系统。

三、2013年行业发展主要成果

（一）人才队伍建设成效显著，高端人才培养力度加大

注册会计师队伍总体稳定，队伍结构日益改善。截至2013年12月31日，全国共有注册会计师98625人，比2012年末净减少460人。其中，新批注册会计师4205人，撤销和注销注册会计师4665人。在地区分布上，北京、广东和山东的注册会计师人数排在全国前三位，分别为13315人、8578人和7201人。如表1所示。

表1　2013年全国注册会计师数量变化情况

地区	注册会计师人数（人）		占全国比例	
	2013年	2012年	2013年	2012年
全国	98625	99085	—	—
北京	13315	14147	13.5%	14.28%
广东	8578	7042	8.7%	7.12%
山东	7201	7078	7.3%	7.14%

按照资格取得方式划分，通过考试取得资格的占76.48%，通过考核取得资格的占23.52%；按照年龄结

构划分,41～50 岁的最多,共有 34293 人,占注册会计师总数的 34.77%,其次为 31～40 岁的,共有 31152 人,占 31.59%,31～50 岁的中青年注册会计师成为注册会计师队伍的骨干力量;按照学历结构划分,本科及以上学历注册会计师占全体注册会计师的比例为 47.1%,呈稳步上升趋势。

考试制度改革日益深入,报名人数和报名科次继续增长。2013 年,继续深化注册会计师全国统一考试制度改革,启动注册会计师考试题库建设,修订注册会计师全国统一考试办法和考试档案管理办法,完善计算机化考试流程,进一步加强考试安全监控和保密措施。

2013 年度注册会计师全国统一考试继续实行计算机化考试。专业阶段考试约有 57 万人报名,比 2012 年增长约 2.8 万人,累计报考科次达到 152 万科次,比 2012 年增长约 17 万科次。综合阶段考试共有 22269 人报名,比 2012 年增长 9321 人。2009 年注册会计师考试制度实施改革,将注册会计师考试划分为专业阶段和综合阶段两个阶段。2009 年举行第一次专业阶段考试，2010 年举行第一次综合阶段考试。2013 年度考试顺利实施，意味着 2009 年注册会计师考试制度改革后专业阶段考试第一个 5 年周期（2009—2013 年）结束。截至 2013 年年底，我国注册会计师全国统一考试共举办 22 次，累计已有 17.8 万人通过考试取得注册会计师全国统一考试全科合格证书。2012 年、2013 年注册会计师考试报名及出考情况如表 2 所示。

表 2　2012 年、2013 年注册会计师考试报名及出考情况表

项目＼阶段＼年度	2013		2012	
	专业阶段	综合阶段	专业阶段	综合阶段
报名人数	57 万人 152 万科次	22269 人	54 万人 135 万科次	12948 人
出考人数	28 万人 57 万科次	18384 人	29 万人 58 万科次	11695 人
出考率	38%	82%	43%	90%

多层次人才培养成效显著，高端人才培养力度加大。2013 年，行业继续教育工作以培养注册会计师服务专长为重点，更加注重特色，结构更加合理。除了培

训班、研讨班、研修班，还尝试举办注协干部培训班、西部班。加强对中小会计师事务所注册会计师培训的支持力度，委托北京、上海、厦门 3 家国家会计学院举办“西部班”和中小事务所试点培训班，定向招收中小会计师事务所注册会计师到国家会计学院参加面授培训。2013 年，全国各省注协培训总数达到 97458 人次，各省培训完成率大多超过 95%。各省参加中注协委托的国家会计学院培训总人数为 6656 人次，参加中注协远程培训的总人数为 16523 人次。2013 年共培训非执业会员 49606 人次。

继续加大对行业领军人才的选拔和培养力度。选拔第三批金融审计方向行业领军（后备）人才 32 名，并开展首期境内集中培训，注册会计师行业领军人才总数达 279 人。开展第二批金融审计方向行业领军（后备）人才境外培训，围绕金融审计主题，结合执业实践，开展培训。组织 9 批注册会计师行业领军（后备）人才参加全国会计领军（后备）人才第八次联合集中培训。完成第二批注册会计师行业领军（后备）人才毕业考核工作，共有23名学员经过6年持续培养顺利毕业并获得全国会计领军人才证书。

加强行业后备人才培养工作。完成CPA专业方向院校评估指标的修订和对19所CPA专业方向院校的教学质量评估工作;与ICAEW和ACCA合作,分别在英国和中国厦门举办CPA专业方向院校核心课程师资培训;推动建立行业“青年就业创业见习基地”,为行业引进人才开辟渠道;逐步与全国600余所高校会计院(系)建立联系,举办行业与高校会计院(系)视频沟通会;指导第8期项目的97名学生顺利完成2013年度1月至5月的境外实习,完成第9期CPA专业方向院校学生境外实习项目,选送83名学生赴国际会计公司境外机构实习。

(二)事务所做强做大效应显现,整体实力增强

事务所数量稳中有升,发展总体平稳。截至2013年12月31日,全国共有会计师事务所8208家,其中总所7289家,分所919家。按照组织形式划分,普通合伙会计师事务所共有2925家,占全国总数的35.64%,比

2012 年增加 1.4 个百分点；特殊普通合伙会计师事务所共有 312 家，占全国总数的 3.80%，比 2012 年增加 1.08 个百分点；有限责任会计师事务所 4969 家，占全国总数的 60.54%，比 2012 年减少 2.43 个百分点；个人独资会计师事务所 2 家，占全国总数的 0.02%。在地区分布上，广东、北京和山东的会计师事务所数量排在全国前三位。其中，广东的会计师事务所共有 826 家（其中深圳 268 家），占全国总数的 10.06%，位列第一；其次是北京和山东，分别为 606 家和 581 家。2013 年全国会计师事务所数量变化情况如表 3 所示。2013 年全国会计师事务所组织形式变化情况如图 1 所示。

表 3　2013 年全国会计师事务所数量变化情况

地区	事务所总量（家）		占全国比例	
	2013 年	2012 年	2013 年	2012 年
全国	8208	8128	—	—
广东	826	818	10.06%	10.06%
北京	606	596	7.38%	7.33%
山东	581	566	7.08%	6.96%

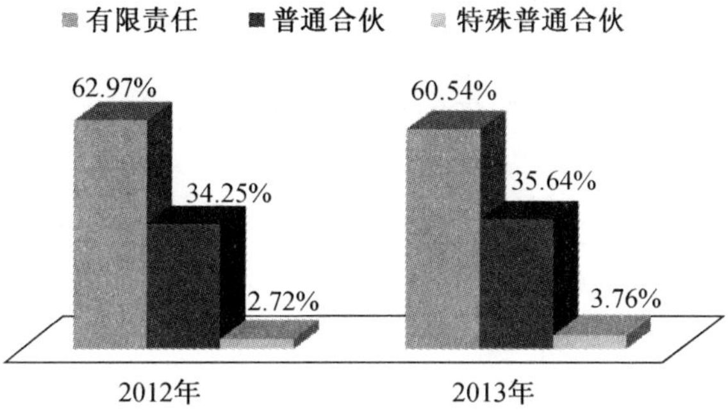

图1　2013年全国会计师事务所组织形式变化情况

业务收入持续增长，收入结构日趋优化。2013年，全行业实现业务总收入563.21亿元，其中国际业务收入64.34亿元，比2012年增收27.04亿元，增长72.49%。在地区分布上，北京、上海、广东分别以116.59亿元、86.91亿元和59.77亿元排在全国前三位。全行业实现鉴证业务收入403.67亿元，比2012年增加33.81亿元，占总收入的比重为71.67%；非鉴证业务收入159.54亿元，比2012年增加19.73亿元，占总收入的比重为28.33%。行业鉴证业务与非鉴证业务收入比例由2012年的73∶27进一步优化为72∶28。2013年行业业务收入增长情况如表4所示。2013年行业业务收入结构变化情况如图 2 所示。

表 4 2013 年行业业务收入增长情况

地区	业务收入(亿元)		增长率
	2013 年	2012 年	
全国	563.21	509.65	10.51%
北京	116.59	109.32	6.65%
上海	86.91	79.22	9.71%
广东	59.77	57.82	3.38%

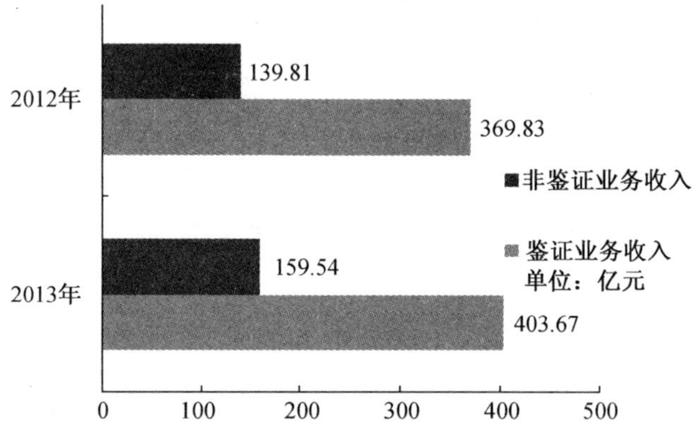

图 2 2013 年行业业务收入结构变化情况

前百家会计师事务所业务收入的增速和行业占比略有提高。根据 2014 年度会计师事务所综合评价前百家信息，前百家会计师事务所 2013 年度的业务收入合计为347.56亿元，占行业总收入的61.81%，比2013年的61.63%略有提高；业务收入增速10.52%，比行业10.51%的总体增长率略高。与2013年相比，业务收入超过1亿元的会计师事务所46家，增加3家；其中，超过10亿元的11家，超过20亿元的6家。此外，注册会计师人数超过1000名的会计师事务所有5家，增加1家；超过200人的43家，增加5家。

（三）行业监管改革不断深化，执业质量持续提升

上市公司年报审计监管进一步加强。2013年，落实执业质量检查制度改革精神，通过年报审计监管约谈、综合治理行业不正当低价竞争、修订事务所执业质量检查工作廉政规定等重要举措，加强行业诚信监管。加强年报审计监管约谈，集中开展了9批次对11家证券事务所的监管约谈；制定综合治理行业不正当低价竞争工作方案，组织证券事务所负责人共同发出抵制不正当低价竞争倡议。

2013年，全国会计师事务所对沪、深两市2493家上市公司的2012年度财务报表出具审计报告。其中，标准审计报告 2404 份，非标准审计报告 89 份。非标准审计报告数量首次降至两位数，占全部报告的比重为 3.57%，比 2012 年下降 1.3%。

从财务报表审计前后的数据调整来看，2013 年财务报表审计调整金额和所占比例，均比 2012 年有所减少，审计工作有效性和审计质量有所提升。2013 年会计师事务所在对上市公司的 2012 年度财务报表审计过程中，利润总额审计调整累计 231 亿元，占审计前利润总额的 0.85%；应交税费审计调整累计 162 亿元，占审计前应交税费的 2.99%；资产总额审计调整累计 4109 亿元，占审计前资产总额的 0.34%。2013 年上市公司财务报表审计调整情况如表 5 所示。

表 5　2013 年上市公司财务报表审计调整情况

年度	上市公司数量（家）	利润总额审计调整		应交税费审计调整		资产总额审计调整	
		金额（亿元）	比例	金额（亿元）	比例	金额（亿元）	比例
2013	2493	231	0.85%	162	2.99%	4109	0.34%
2012	2362	210	0.8%	150	2.64%	2912	0.28%

落实执业质量检查制度改革精神。2013年，修订执业质量检查手册，推动系统风险检查路径、程序及方法成熟定型。修订事务所执业质量检查工作廉政规定，将检查组和检查人员的“九不准”规定升级为“十不准”，着力保证检查工作的廉洁和公正。加强专兼职检查队伍建设，分类别、分层次培训检查骨干、全体监管干部和新老检查人员共1308人。中注协对8家证券事务所总所及21家分所开展检查，4名注册会计师受到行业惩戒；地方注协检查非证券事务所1486家，139家事务所和299名注册会计师受到行业惩戒。会计师事务所受到行业惩戒的绝对数量和相对比例较2012年有所增加。2013年地方注协检查及惩戒事务所情况如表6所示。

表6　2013年地方注协检查及惩戒事务所情况

年度	检查事务所数(家)	惩戒事务所数(家)	惩戒比例
2013	1486	139	9.31%
2012	1493	121	8.10%

加强注册会计师任职资格检查和合伙人(股东)任职资格评审。2013 年,首次将注册会计师任职资格检查工作与事务所综合评价工作、行业管理信息系统更新工作有机结合,实行“三合一”的信息一致性审查。行业管理信息系统注册管理模块首次增加年检功能,15 个地方注协主动试用网上年检,大大提高了工作效率。

2013 年,全国应参加年检注册会计师 98321 人,通过年检 92358 人,因未参加年检、未完成继续教育、未交纳会费等原因暂缓通过年检 3280 人,受到行政或刑事处罚、未在事务所专职执业等原因不予通过年检 2410 人。2013 年注册会计师任职资格检查未通过率为 2.45%,是 2012 年未通过率的近 2 倍。2013 年注册会计师任职资格检查情况如表 7 所示。

表 7　2013 年注册会计师任职资格检查情况

年度	应参加年检人数	通过年检人数	暂缓通过年检人数	未通过年检人数	未通过率
2013	98321	92358	3280	2410	2.45%
2012	96413	92406	2798	1209	1.25%

行业管理信息系统显示，截至2013年年底，全国共有合伙人（股东）3.2万余人，已有31家省级注协正式开展新设会计师事务所合伙人（股东）出具证明工作。在开展新设事务所合伙人（股东）出具证明工作的协会中，有29家开展了为已设事务所新增合伙人（股东）出具证明工作，有23家设立了专门出具证明机构。2013年，各地方注协为300多位新设事务所合伙人（股东）出具证明，为1100多名已设事务所新增合伙人（股东）出具证明。

（四）党建与业务互促互动，行业社会地位和社会形象进一步提高

建立健全行业党建常态和长效机制。组织全行业学习贯彻党的十八大和十八届三中全会精神，以“一竿子到底”的培训方式，培训地方行业党组织和事务所党组织书记近4000人。制定发布行业党建工作五年规划，修订行业（协会）党组织考核评价办法，组织开展行业党建工作的上评下议，建立健全以制度规范和推进行业党建工作的长效机制。截至2013年年底，全国会计师事务所党组织共计 3361 家，比 2012 年净增 110 家，增幅 3.27%。其中，净增独立党组织 87 家，净增联合党支部 23 家。会计师事务所党员人数达到 37722 人，比 2012 年增加 2347 人，增长 6.63%。在新增加的党员中，行业自身新发展党员为 778 人，占新增党员总人数的 33%。2013 年会计师事务所党组织和党员增加情况如表 8 所示。

表 8　2013 年会计师事务所党组织和党员增加情况

年度	会计师事务所党组织		会计师事务所党员		新增党员	
	数量（个）	增长率（%）	人数（人）	增长率（%）	自身发展	新进员工
2013	3361	3.27	37722	6.63	778	1569
2012	3255	—	35375	—	—	—

巩固提升行业统战工作。积极选拔、推荐行业代表人士参与统战部门组织的工作和活动，为行业代表人士履职尽责提供支持服务。举办行业代表人士培训班，对全国 200 余位行业代表人士就如何提高参政议政能力等内容进行培训。建立行业统战基础数据库，2013 年，

行业1名同志当选全国人大代表，5名同志当选全国政协委员，1人当选共青团十七届中央委员会候补委员，全行业担任全国各级党代表、人大代表、政协委员共计815人次，比2012年增加86人。其中，担任省级以上党代表、人大代表、政协委员共计85人次，比2012年增加44人次；当选第十二届全国人大代表和第十二届全国政协委员共6名，较上届增加3名。2013年行业代表参政议政情况如表9所示。

表9　2013年行业代表参政议政情况

年度	全国各级代表委员	省级以上代表委员	全国人大代表和政协委员
2013	815	85	6
2012	729	41	3

深化行业团建工作。举办学习贯彻共青团十七大精神暨行业团务工作者培训班，组织开展先进团组织和优秀青年表彰、学雷锋志愿服务、创建青年文明号、“青春建功中国梦”主题教育实践、“行业青年专家服务团”对口帮扶、“我们的工作、我们的生活、我们的梦想”主题

作品征集评比等系列活动，活跃深化行业团建工作。截至 2013 年年底，除西藏自治区外的各省、自治区、直辖市全部成立省级行业团组织；全国已成立团组织的会计师事务所总数由 2012 年年底的 942 家增加到 2013 年年底的 1264 家，增长 34.2%，注册会计师行业团员总数由 27138 人增加到 29000 人，增长近 6.9%；2013 年会计师事务所综合评价排名前 100 位的大中型会计师事务所已全部建立了团组织。1 家事务所团支部、1 名共青团员和 2 名一线工作者分别受到共青团中央表彰。2013 年会计师事务所团组织和团员增加情况如表 10 所示。

表 10　2013 年会计师事务所团组织和团员增加情况

年度	会计师事务所团组织		会计师事务所团员	
	数量（个）	增长率	人数（人）	增长率
2013	1264	34.2%	29000	6.86%
2012	942	—	27138	—

（执笔：常志安、鲁冰）

分报告一　2013 年会计师事务所发展报告

2013 年，全国会计师事务所数量稳中有升，发展总体平稳。截至 2013 年 12 月 31 日，全国共有会计师事务所 8208 家。其中，普通合伙会计师事务所共有 2925 家，占全国总数的 35.64%，比上年增加 1.4 个百分点；特殊普通合伙会计师事务所共有 312 家，占全国总数的 3.80%，比上年增加 1.08 个百分点；有限责任会计师事务所 4969 家，占全国总数的 60.54%，比上年减少 2.43 个百分点；个人独资会计师事务所 2 家，占全国总数的 0.02%。

一、会计师事务所数量变化情况

2013 年，全国会计师事务所（含分所）净增加 81 家，其中，新批事务所 290 家（其中分所 105 家），撤销事务所 209 家（其中分所 78 家）。截至 2013 年 12 月 31 日，全国共有会计师事务所 8208 家，其中总所 7289 家，分所 919 家。

从近 5 年情况看，会计师事务所净增数量逐年减少，会计师事务所总量渐趋稳定。具体从两方面体现出来：一方面，每年新批会计师事务所数量逐年减少。比如，2009—2013 年，各地新批会计师事务所数量分别为 667 家、432 家、350 家、308 家和 290 家，呈逐年下降趋势；另一方面，撤销会计师事务所数量在 2010 年后逐年上升。（参见图 1-1 和图 1-2）。

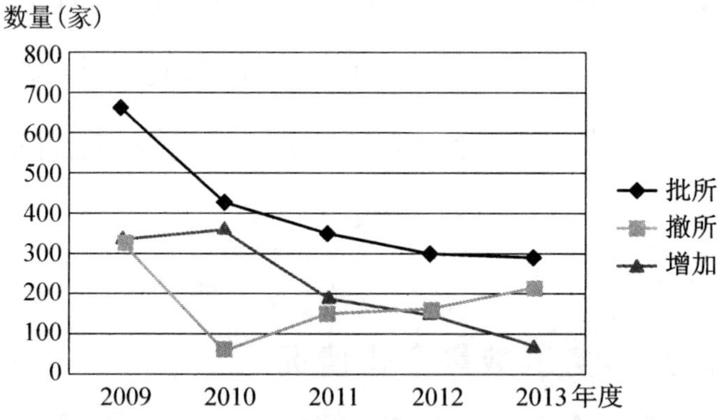

图 1-1　2009—2013 年全国会计师事务所批所、撤所和增加情况

自 2007 年起，会计师事务所每家平均拥有注册会计师的数量呈现上涨趋势，至 2010 年达到高峰，之后出

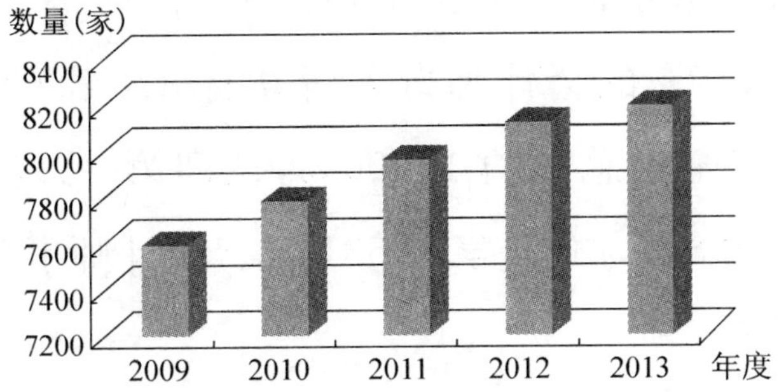

图 1-2　2009—2013 年全国会计师事务所数量变化

现了平稳下降(见图 1-3)。

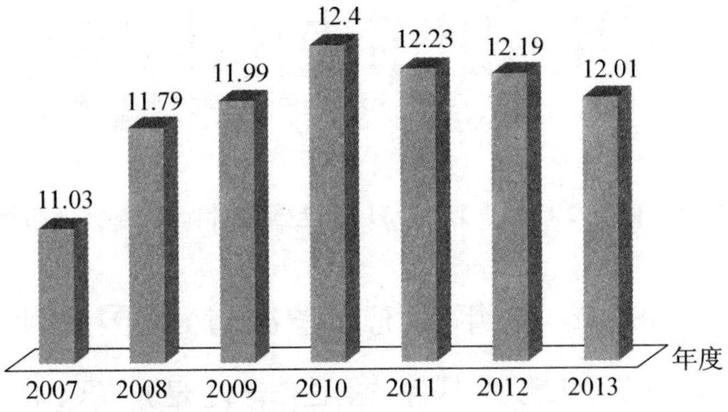

图 1-3　2007—2013 年会计师事务所每家平均拥有注册会计师情况(单位:人/家)

二、会计师事务所地区分布情况

截至 2013 年 12 月 31 日,全国会计师事务所(包括分所，下同）数量最多的三个地区分别是广东、北京、山东。其中，广东的会计师事务所共有 826 家（其中深圳 268 家），占全国总数的 10.06%，位列第一。其次是北京和山东，分别为 606 家和 581 家。会计师事务所分布情况参见图 1-4。

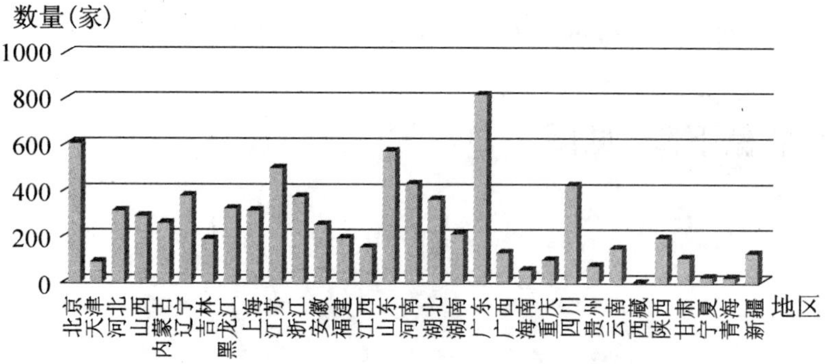

图 1-4　截至 2013 年 12 月 31 日全国会计师事务所分布情况

从 2009—2013 年的统计情况看，全国会计师事务所数量前三名的地区基本稳定，一直是广东、北京和山东。并且，这三个地区会计师事务所数量在全国的占比基本保持稳定上升势头。比如，广东 2009 年有会计师事务所 736 家，占全国的 9.68%，2013 年达到 826 家，占全国的 10.06%（参见表 1-1）。

表 1-1　2009—2013 年广东、北京和山东占全国会计师事务所数量比例情况

年度	广东（家）	广东占全国比例	北京（家）	北京占全国比例	山东（家）	山东占全国比例	全国（家）
2009	736	9.68%	538	7.07%	521	6.85%	7605
2010	744	9.56%	557	7.15%	535	6.87%	7785
2011	783	9.81%	582	7.3%	551	6.91%	7976
2012	818	10.06%	596	7.33%	566	6.96%	8128
2013	826	10.06%	606	7.38%	581	7.08%	8208

从会计师事务所的地区分布情况可以看出，会计师事务所的发展与经济发展水平紧密相关。为了便于比较，我们选取各地区国内生产总值（GDP）占全国 GDP 的比例与各地区会计师事务所数量占全国会计师事务所总量的比例进行线性对比。结果发现，大部分情况下两条趋势线都是重合的，这说明会计师事务所发展与国民经济发展密不可分。同时，我们也观察到，各地区会计师事务所数量与各地区人力资源、政治资源、教育资源等因素直接相关。比如，北京地区的会计师事务所数量占比为 7%，而 GDP 占比仅为 3%，说明北京地区的

会计师事务所集中度很高，这与北京作为首都，有着全国最为集中的政治资源、教育资源、文化科技资源等因素密切相关（见图 1-5）。

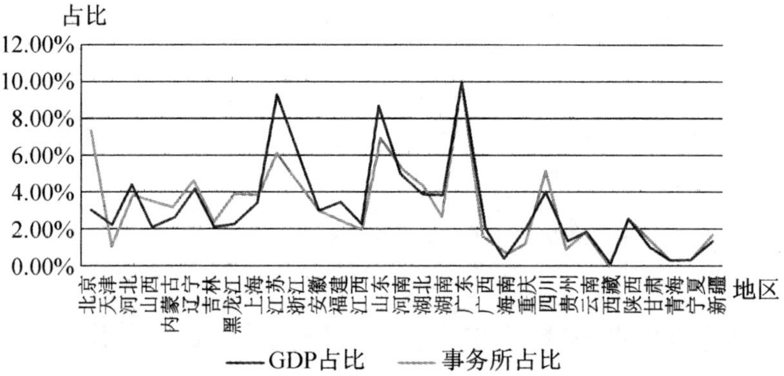

图 1-5　2013 年各地区会计师事务所占全国比例与 GDP 占全国比例比较情况

三、会计师事务所组织形式变化情况

2013 年，会计师事务所在组织形式方面有一个突出的变化，就是特殊普通合伙会计师事务所大幅度增加。截至 2013 年 12 月 31 日，全国有限责任会计师事务所共有 4969 家，占全国总数的 60.54％；普通合伙会计师事务所共有 2925 家，占全国总数的 35.64％；特殊普通合伙会计师事务所共有 312 家，占全国总数的

3.80%。全国会计师事务所采取有限责任形式的逐年下降,采取普通合伙和特殊普通合伙形式的逐年上升,尤其是特殊普通合伙会计师事务所数量变化较明显,2010 年仅有 82 家,2013 年则达到 309 家,增加了 2 倍多(见图 1-6)。

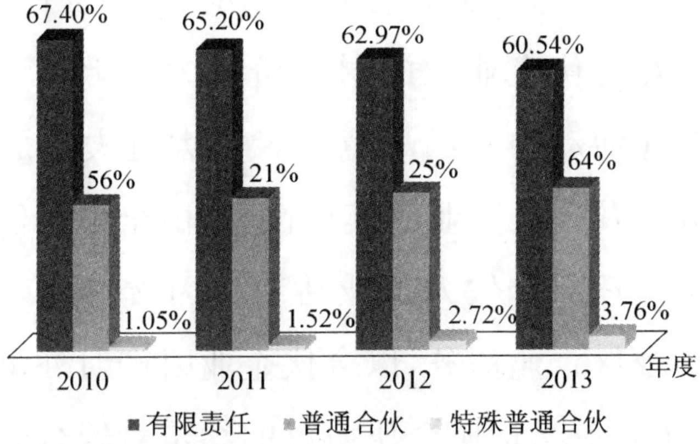

图 1-6　2010—2013 年会计师事务所组织形式变化情况

按照《注册会计师法》的规定,会计师事务所可以采取两种组织形式:有限责任制和合伙制。其中,合伙设立的会计师事务所的债务,由合伙人按照出资比例或者协议的约定,以各自的财产承担责任。合伙人对会计师事务所的债务承担连带责任。负有有限责任的会计师事务所以其全部资产对其债务承担责任。

2006年《合伙企业法》修订，对于专业服务机构，在普通合伙的基础上增加有限责任合伙制，即特殊普通合伙制。特殊普通合伙事务所中，一个合伙人或者数个合伙人在执业活动中因故意或者重大过失造成合伙企业债务的，应当承担无限责任或者无限连带责任，其他合伙人以其在合伙企业中的财产份额为限承担责任。合伙人在执业活动中非因故意或者重大过失造成的合伙企业债务以及合伙企业的其他债务，由全体合伙人承担无限连带责任。合伙人执业活动中因故意或者重大过失造成的合伙企业债务，以合伙企业财产对外承担责任后，该合伙人应当按照合伙协议的约定对给合伙企业造成的损失承担赔偿责任。2010年7月，为了促进会计师事务所做强做大，财政部和国家工商行政管理总局联合印发《关于推动大中型会计师事务所采用特殊普通合伙组织形式的暂行规定》，推动大中型会计师事务所转制。2011年11月，中注协印发《会计师事务所特殊普通合伙协议范本》，帮助指导会计师事务所顺利完成转制工作，促进了会计师事务所做强做大。2012 年 5 月，财政部、国家工商行政管理总局、商务部、国家外汇管理局、中国证监会联合印发《中外合作会计师事务所本土化转制方案》，规范中外合作会计师事务所本土化转制工作。2012 年 9 月，财政部、中国证监会等部门印发了《关于证券资格会计师事务所转制为特殊普通合伙会计师事务所的有关业务延续问题的通知》，全面推动具备证券事务所转制为特殊普通合伙形式的工作。这些政策直接推动了特殊普通合伙会计师事务所数量的增加。

四、新设会计师事务所合伙人(股东)任职资格评审情况

截至 2013 年年底，全国共有会计师事务所合伙人(股东)3.2 万余人，约占注册会计师总数的 33%，平均每家会计师事务所有 4 名左右的合伙人(股东)。

自 2011 年 12 月底中注协印发《关于规范为拟设立会计师事务所合伙人(股东)出具证明工作的指导意见》以来，全国 31 家省级注册会计师协会均已开展新设会

计师事务所合伙人(股东)出具证明工作。在开展新设会计师事务所合伙人(股东)出具证明工作的协会中,有29家开展了为已设会计师事务所的新增合伙人(股东)出具证明工作,有23家设立了专门出具证明机构。2013年,各地方注协为300多位新设会计师事务所合伙人(股东)出具证明,为1100多名已设会计师事务所新增合伙人(股东)出具证明。

各地方注册会计师协会在审查专职执业、履行会员义务和年龄的同时,特别强调审查职业道德和胜任能力,并对审计工作底稿的审查进行了规定。很多地方注册会计师协会对出具证明工作进行了细致研究,列明详细的评分标准,通过对材料打分进行审查,提高了合伙人(股东)资格审查的质量和效果。

各地方注册会计师协会在出具证明工作完成之后,还利用多种形式及时跟踪了解会计师事务所有关信息和动态,对合伙人(股东)进行后续监管。一些地方注册会计师协会主动将出具证明工作与注册会计师任职资格检查和执业质量检查工作有机结合起来。例如,许多省级注册会计师协会在新设会计师事务所批准设立后，召集新设会计师事务所全体合伙人（股东）到省级注册会计师协会沟通、座谈，宣传注册会计师行业相关管理规定，并对新设会计师事务所主任会计师、合伙人（股东）进行谈话提醒，要求会计师事务所加强质量控制和内部管理，切实增强风险意识，规范执业、诚信执业。这些工作有效督促了合伙人（股东）谨慎执业，加强质量管理，有力促进了注册会计师行业健康发展。

会计师事务所合伙人（股东）出具证明工作开展后，会计师事务所的审批更加严格规范，执业质量有了较大提升，事务所内部治理与经营理念以及行业秩序发生可喜变化。会计师事务所合伙人（股东）任职资格出具证明工作的开展，抬高了新设会计师事务所的准入门槛，对新设会计师事务所合伙人（股东）的执业能力有了实质性的要求，能够顺利通过出具证明的注册会计师更有职业自豪感，也更加珍惜新设会计师事务所的名誉，对注册会计师行业风气产生了正面积极的引导作用。

五、会计师事务所综合评价前百家排名情况

为更好满足社会全面了解行业发展，判断会计师事务所的综合实力，择优选择会计师事务所的需要，以及引导和促进会计师事务所科学发展，中注协于2003年建立会计师事务所前百家信息发布制度，并不断改革完善评价指标体系。12年来，会计师事务所综合评价制度及前百家信息经过不断的变革和发展，前百家信息的客观性、科学性和权威性获得社会公众、监管部门、证券市场的广泛认可，越来越引起各界的重视，每年的前百家信息都得到了媒体的关注，得到了学界、证券市场的深入解读。

2014年，为了进一步发挥综合评价在推动会计师事务所发展中“指标导引、自动比动”的作用，同时按照党的群众路线教育实践活动要求，为简化工作流程，减轻会计师事务所信息填报负担，在广泛征求各地方注册会计师协会、会计师事务所以及相关政府部门、高校、企业等多方面意见的基础上，中注协对会计师事务所综合评价指标体系和实现方式作了必要调整和改进，改进后

的会计师事务所综合评价表有200项指标，涉及基本情况、内部治理、执业质量、人力资源、国际业务、信息技术、党群共建、社会责任、受奖励情况、受处罚惩戒信息10类、173项评分指标和会计师事务所分行业、分领域、分专业业务收入情况的27项参考指标。另外，修订完善了《会计师事务所综合评价办法》，明确规定前百家排名是在所有会计师事务所综合评价结果的基础上，按照前百家排名公布指标项进行二次测算后得出的。

2014年，全国有6642家会计师事务所向中注协上报了综合评价表，综合评价工作参加率为80.93%。中注协汇总审核了6000多家会计师事务所综合评价表数据，依据《会计师事务所综合评价办法》，进行综合评价得分计算。在此基础上，按照百家排名公布指标和得分计算方法，完成了《2014年会计师事务所综合评价前百家信息》（以下简称"2014年前百家信息"）的编制并于2014年5月30日正式发布。需要说明的是，2014年前百家信息是基于2013年度会计师事务所数据的统计评价；文内所称"2014年"相关情况，实际上是指2013年事务所情况，相应地，“2013 年”相关情况是指 2012 年的情况。

2014 年前百家信息按照新修订的《会计师事务所综合评价办法》编制。2014 年前百家信息根据综合评价得分进行排序，同时公布了会计师事务所业务收入指标得分、综合评价其他指标得分、处罚和惩戒指标扣减分，并公布了注册会计师人数、会计师事务所员工人均业务收入、注册会计师人均业务收入 3 项参考指标。综合评价其他指标包括事务所基本情况、内部治理、执业质量、人力资源、国际业务、信息技术、党群共建、社会责任、受奖励情况 9 个要素。处罚和惩戒指标是指会计师事务所及其注册会计师由于执业行为的原因在 2012 和 2013 两个年度受到刑事处罚、行政处罚和行业惩戒的情况。与往年相比，删去了注册会计师人数得分项目。

（一）2014 年前百家会计师事务所的规模分布

前百家会计师事务所的业务收入合计为 347.56 亿元，占行业总收入的 61.81%，比上年的 61.63%略有提高；业务收入增速 10.52%，比行业 10.51%的总体增长率略高。国际“四大”中国成员所的业务收入合计109.44亿元，占前百家会计师事务所业务收入总数的31.49%，较 2013 年占比 33.79%、2012 年占比37.48%持续下降。

前百家会计师事务所的规模分布基本稳定。与上年相比，业务收入超过 1 亿元的会计师事务所 46 家，增加 3 家；超过 5 亿元的 15 家，增加 1 家；超过 10 亿元的11 家，增加 1 家；超过 20 亿元的 6 家，增加 1 家；超过30 亿元的 1 家，减少 1 家。

此外，注册会计师人数超过 1000 名的会计师事务所有 5 家，增加 1 家；超过 500 名的 15 家，减少 2 家；超过 200 人的 43 家，增加 5 家。

从 2012 年以来的情况看，有两个情况值得关注：第一，前百家会计师事务所业务收入增速呈现下降趋势。2012 年前百家会计师事务所业务收入增速为 20.79%，2013 年增速为 13.15%，2014 年增速为 10.52%。第二，前百家会计师事务所业务收入的行业占比基本稳定。2012 年前百家会计师事务所业务收入占行业总收入的63.6%，2013年为61.63%，较2012年明显下降，2014年为61.81%，较2013年略有回升。

（二）2014年前百家会计师事务所的服务效率

2014年前百家信息新增了会计师事务所员工人均业务收入指标和注册会计师人均业务收入指标，以体现会计师事务所的专业服务和管理的效率。

从注册会计师人均业务收入情况看，最高381万元，最低37万元。国际“四大”中国成员所均在267万～381万元。排名前10名的其他6家在97万～139万元。前百家会计师事务所中，师均业务收入超过100万元的有47家，超过200万元的有7家。前20名的会计师事务所中，国际“四大”中国成员所均在260万元以上，其他16家会计师事务所在62万～165万元。

从会计师事务所人均业务收入情况看，最高115万元，最低10.84万元。国际“四大”中国成员所均在51万～68万元。排名前10名的其他6家会计师事务所在31万～35万元。前百家会计师事务所中，人均业务收入超过50万元的有17家，超过30万元的有62家。

前20名的会计师事务所中，除了国际“四大”中国成员所和中汇会计师事务所的人均收入在50万元以上之外，其他15家会计师事务所均在25万～40万元。

前百家会计师事务所中，无论从师均业务收入还是从人均业务收入看，国内的其他大所与国际“四大”中国成员所相比，还存在明显差距。比如，国际“四大”中国成员所的人均业务收入均在50万元以上，前20家的非“四大”会计师事务所的人均业务收入在30万～40万元；国际“四大”中国成员所的师均业务收入均在260万元以上，而前20家的非“四大”会计师事务所的师均业务收入在62万～165万元。不过，证券事务所与非证券事务所的人均业务收入和师均业务收入基本相当。

（执笔：曾铁兵、张素青）

分报告二　2013 年注册会计师发展报告

2013 年，全国注册会计师数量有小幅下降，总体保持稳定。截至 2013 年 12 月 31 日，全国共有注册会计师 98625 人。从年龄结构看，30～50 岁的注册会计师占全部注册会计师的比例为 66.36%，比上年增加 0.48%，仍是注册会计师行业队伍主体。从学历结构看，本科及以上学历的注册会计师占全部注册会计师的比例为 47.1%，比上年增加 1.6 个百分点，呈现稳步上升趋势。

一、注册会计师的数量变化

（一）注册会计师数量总体情况

截至 2013 年 12 月 31 日，全国共有注册会计师 98625 人，比 2012 年年末净减少 460 人。其中，新批注册会计师 4205 人，由于转为非执业会员、完全丧失民事行为能力、受刑事处罚、自行停止执业满 1 年等原因撤销、注销注册会计师4665人。

2000—2010年，注册会计师总量一直稳定上升。2010年以后增长势头有所减缓，2013年全国注册会计师数量比2012年下降0.47%（见图2-1）。2013年注册会计师数量出现小幅下降的主要原因是由于加强注册会计师任职资格年度检查，转为非执业会员、完全丧失民事行为能力、受刑事处罚、自行停止执业满1年等原因被撤销注册会计师资格的数量显著增加，超过了新批注册会计师的数量。近5年新批和撤销注册会计师情况见图2-2。

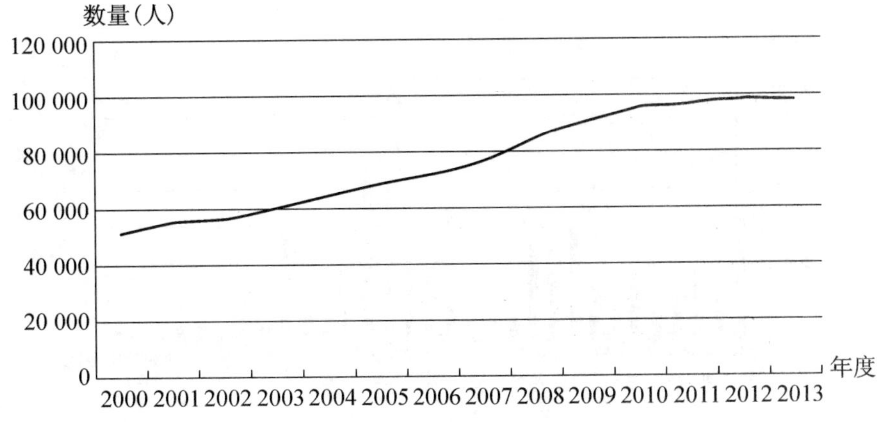

图2-1　2000—2013年全国注册会计师人数变化情况

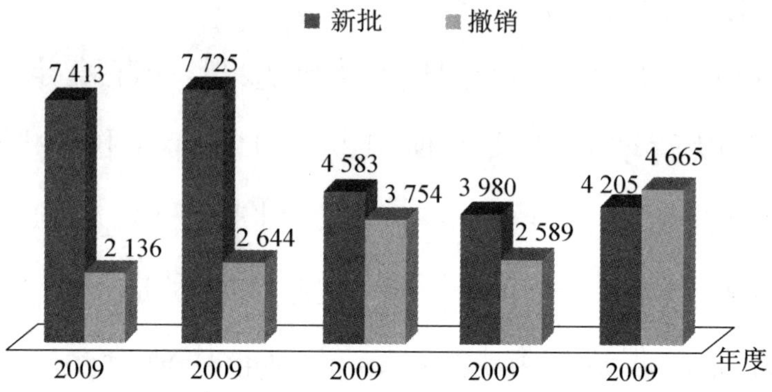

图 2-2　2009—2013 年新批与撤销注册会计师变化情况(单位:人)

从地区分布情况看,北京地区的注册会计师数量最多,共有 13315 人,占全国总数的 13.50%;其次是广东和山东,分别为 8578 人和 7201 人(见图 2-3)。

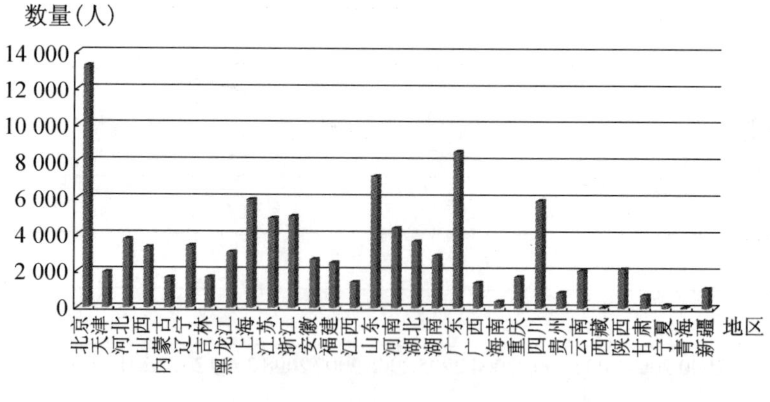

图 2-3　截至 2013 年 12 月 31 日注册会计师分布情况

为了便于比较，我们将各地区注册会计师数量占全国注册会计师总数的比例与各地区国内生产总值（GDP）占全国 GDP 的比例进行了比较（见图 2-4）。结果发现，各地区注册会计师分布基本上与经济发展水平是相当的，证明了“市场经济越发达，注册会计师越重要”的行业发展规律。

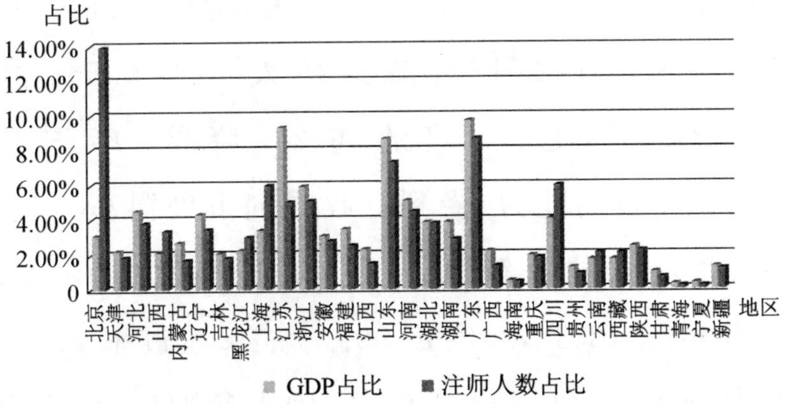

图 2-4　2013 年各地注册会计师人数占比与 GDP 占比比较情况

同时，我们也观察到，各地区的注册会计师人数与其人口数量、政治资源、教育资源等因素直接相关。比如，北京地区的注册会计师人数远远多于其他地区，与北京作为首都，有着全国最集中的政治资源、教育资源、文化、科技资源等因素密切相关。而一些经济发展水平较高的地区，如江苏、山东、广东等省，出现了 GDP 占比远高于注册会计师占比的情况。

（二）注册会计师数量变化情况

2013 年注册会计师年检结果显示，2013 年全国应参加年检的注册会计师（不包括当年新批注册会计师）为 98321 人，比 2012 年增加 1908 人，增长 1.98%；通过年检 92358 人，比 2012 年减少 48 人，减少 0.5%，年检通过率 94.2%，比 2012 年的 96.2% 降低 2.07%；因完全丧失民事行为能力、受到行政或刑事处罚、未在会计师事务所专职执业等原因不予通过年检 2410 人，比 2012 年增加 1201 人，增长 99.3%，未通过率 2.45%，比 2012 年的 1.25%提高 96%；因未参加年检、未完成继续教育、未交纳会费等原因暂缓通过年检 3280 人，比 2012 年增加 482 人，增长 17.2%，暂缓通过率 3.35%，比 2012 年的 2.9%提高 15.52%。

2013 年检工作，重点检查注册会计师不在事务所专职执业的问题，尤其关注有无公职人员兼职挂名、涉及注册会计师资格投诉举报的会计师事务所、年龄偏大的注册会计师组成的会计师事务所以及近年新批的会计师事务所。

各地方注册会计师协会认真落实工作要求，克服工作难题，准确把握政策，严格规范程序；在鼓励会计师事务所自纠自查的同时，全面加强实地检查的力度和范围，并积极探索新的检查方式，通过检查注册会计师的工资发放情况、聘用合同签署情况、人事档案托管情况、社保参保情况、注册会计师执业工作轨迹等手段，重点检查注册会计师不在会计师事务所专职执业的问题，加强了受理检查送审环节力度，对会计师事务所提供的注册会计师社保参保证明严格审查把关，特别是要求会计师事务所提供注册会计师社保参保证明原件、复印件并留存复印件备案，有利于注册会计师行业及时清理挂名注册会计师，保持注册会计师队伍的纯洁性。

从近年情况看，全国应参加年检人数逐年增加，年检通过率逐年下降，未通过率则呈现上升趋势，尤其

2013 年通过率下降了两个百分点，全国不予通过的人数较上年提高近 1 倍，体现了各级注册会计师协会严把准入关的效果（详见表 2-1）。

表 2-1　2010—2013 年注册会计师任职资格检查情况

年度	人数（个）	通过年检人数（个）	暂缓通过人数（个）	未通过年检人数（个）	未通过率
2010	89725	86738	1894	1093	1.22%
2011	95274	91810	1828	1636	1.72%
2012	96413	92406	2798	1209	1.25%
2013	98321	92358	3280	2410	2.45%

二、注册会计师的构成情况

（一）资格取得方式

取得注册会计师资格曾经有两种方式：考试和考核。1999 年后，参加注册会计师全国统一考试成为取得注册会计师资格的唯一途径。截至 2013 年 12 月 31 日，全国注册会计师中，通过考试取得资格的占 76.48%，通过考核取得资格的占 23.52%（见图 2-5）。

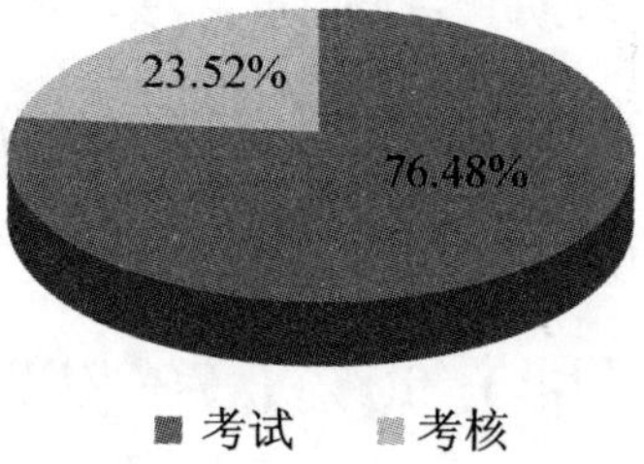

图 2-5　注册会计师资格取得方式结构图

从近几年趋势来看，考试取得注册会计师资格的人数占全部注册会计师总人数的比例逐年上升（详见表 2-2）。

表 2-2　2010—2013 年考试取得注册会计师资格人数占全部注册会计师人数比例

年度	考试通过的注册会计师人数（人）	注册会计师总人数（人）	考试通过注册会计师占注册会计师总数的百分比
2010	70896	96498	73.47%
2011	72762	97510	74.62%
2012	74815	99085	75.51%
2013	75142	98625	76.48%

（二）年龄结构

在 2013 年全国注册会计师中，41～50 岁的最多，共有 34293 人，占注册会计师总数的 34.77%；其次为 31～40 岁的，共有 31152 人，占 31.59%；51～70 岁的居第三，共有 23167 人，占 23.49%；30 岁以下的居第四，共有 5817 人，占 5.90%；70 岁以上的最少，共有 4196 人，占 4.25%（见图 2-6）。

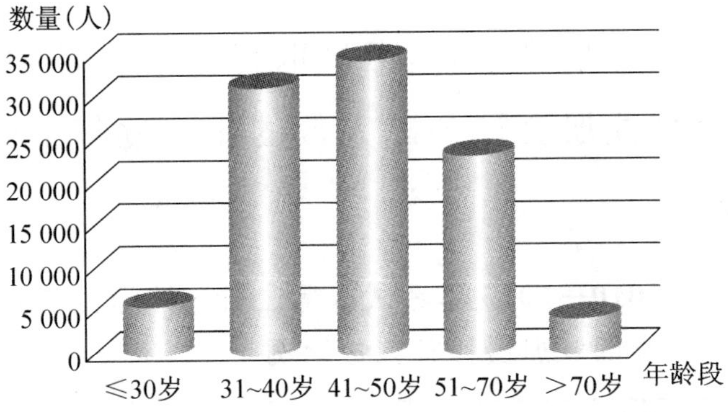

图 2-6　2013 年注册会计师年龄结构示意图

全国注册会计师的年龄结构情况参见附表 2-1。

通过考试取得资格的注册会计师的年龄主要集中在 50 岁以下，占比为 92.11%。在通过考核取得资格的注册会计师中，51 岁以上的注册会计师占比最大，达到 92.32%（见图 2-7 和图 2-8）。

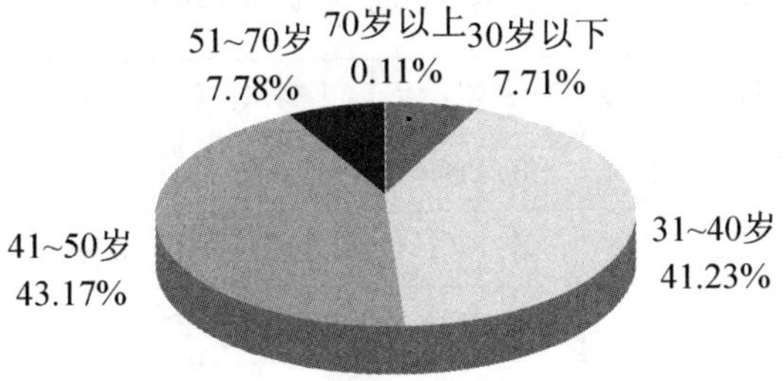

图 2-7　考试通过的注册会计师年龄结构图

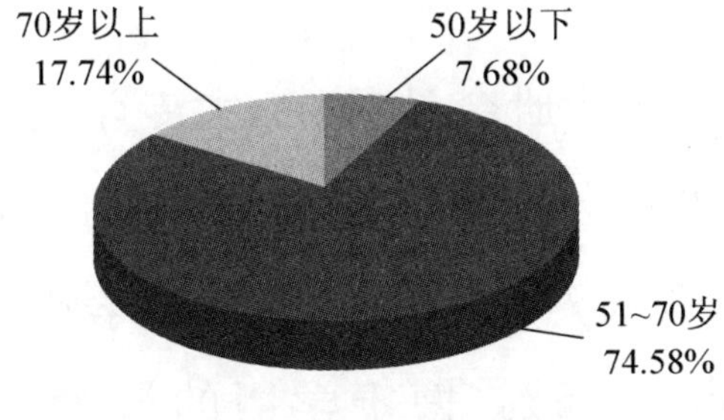

图 2-8　考核通过的注册会计师年龄结构图

从近年情况来看，51 岁以上的注册会计师数量逐年有所减少，50 岁以下的注册会计师数量逐年有所增加，注册会计师队伍已开始呈现年轻化趋势（详见表2-3）。综合考虑资格取得方式以及相对应的年龄结构，可以预见，未来的注册会计师队伍将进一步向年轻化迈进。

表 2-3　2009—2013 年注册会计师年龄结构变化情况

年度	小于 30 岁	31～40 岁	41～50 岁	51～70 岁	大于 70 岁
2009	4.49%	38.28%	25.91%	26.40%	7.49%
2010	7.14%	38.86%	24.78%	25.08%	4.24%
2011	7.76%	39.36%	24.54%	24.65%	3.68%
2012	3.07%	27.97%	37.91%	24.88%	6.27%
2013	5.90%	31.59%	34.77%	23.49%	4.25%

（三）学历结构

2013 年全国注册会计师中，大专学历的最多，共有 52168 人，占注册会计师总数的 52.90%；其次为本科学历，共有 41490 人，占 42.07%；硕士学历的居第三，共有 4398 人，占 4.46%；博士学历的最少，共有 569 人，占 0.57%（见图 2-9）。

全国各地区注册会计师的学历结构情况参见附表 2-2。

截至 2013 年年底，考核通过的注册会计师仍有 23195 人，其中本科及以上学历的有 5260 人，仅占全部考核人员的 22.68%，77.32%为大专学历；考试通过的注册会计师中，54.62%是本科及以上学历，大专学历占 45.38%（见图 2-10 和图 2-11）。

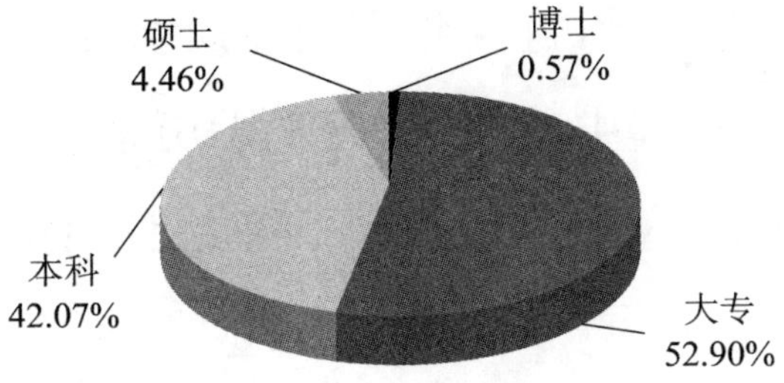

图 2-9　全部注册会计师的学历结构

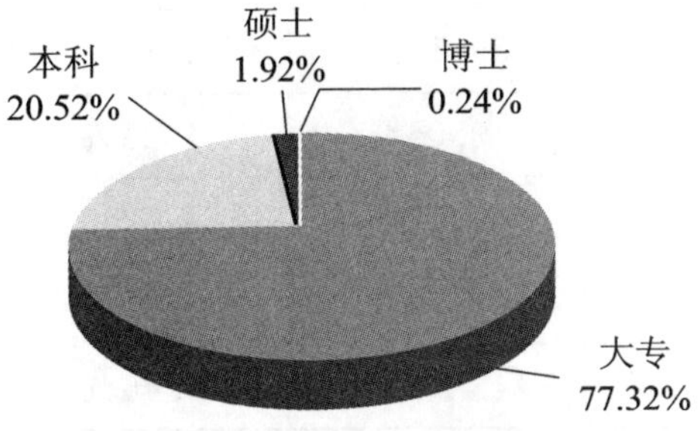

图 2-10　考核通过的注册会计师的学历结构

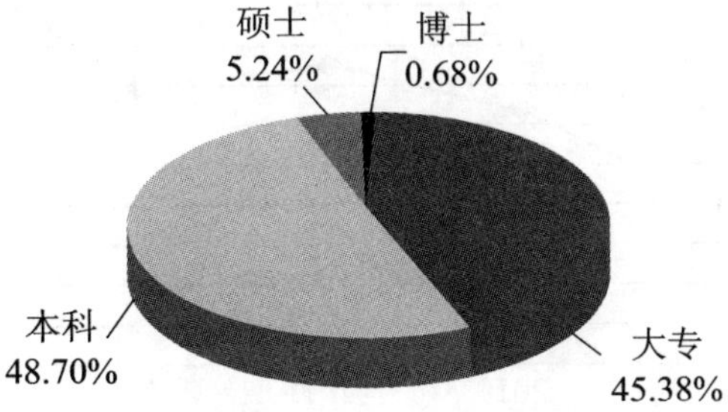

图 2-11　考试通过的注册会计师的学历结构

从近年情况看，近 5 年全国注册会计师高学历所占比例逐年上升，其中，本科和硕士学历呈上升趋势，博士学历基本持平，大专学历则呈下降趋势（详见表 2-3 和图 2-12）。

表 2-4　2009—2013 年全国注册会计师学历变化情况

年度	大专	本科	硕士	博士
2009	56.02%	39.18%	4.13%	0.68%
2010	54.88%	40.05%	4.28%	0.80%
2011	55.18%	41.00%	4.22%	0.50%
2012	54.50%	40.60%	4.30%	0.60%
2013	52.90%	42.07%	4.46%	0.57%

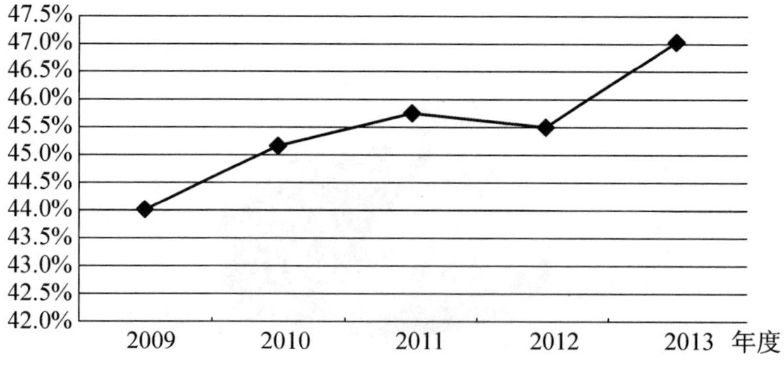

图 2-12　本科及以上学历占全部注册会计师的比例变化

附表 2-1

2013 年全国各地区注册会计师年龄结构情况

省、直辖市、自治区、市	≤30 岁		31～40 岁		41～50 岁		51～70 岁		>70 岁	
	人数（人）	百分比（人）	人数（人）	百分比（人）	人数（人）	百分比（人）	人数（人）	百分比（人）	人数（人）	百分比（人）
合计	5817	5.90%	31152	31.59%	34293	34.77%	23167	23.49%	4196	4.25%
北京	1125	8.45%	4918	36.94%	4260	31.99%	2224	16.70%	788	5.92%
天津	106	5.77%	470	25.60%	526	28.65%	576	31.37%	158	8.61%
河北	61	1.63%	1016	27.12%	1293	34.51%	1200	32.03%	177	4.72%
山西	86	2.61%	848	25.70%	1075	32.59%	1137	34.46%	153	4.64%
内蒙古	34	2.07%	440	26.83%	543	33.11%	492	30.00%	131	7.99%
辽宁	44	1.29%	686	20.12%	1011	29.66%	1668	48.93%	0	0.00%
吉林	33	1.94%	486	28.55%	605	35.55%	488	28.67%	90	5.29%
黑龙江	25	0.83%	754	24.95%	1084	35.87%	865	28.62%	294	9.73%
上海	969	16.36%	2050	34.62%	1250	21.11%	1474	24.89%	179	3.02%
江苏	247	5.02%	1341	27.23%	1856	37.69%	1136	23.07%	344	6.99%
浙江	765	15.14%	1751	34.65%	1623	32.11%	769	15.22%	146	2.89%
安徽	95	3.54%	824	30.73%	1066	39.76%	552	20.59%	144	5.37%
福建	145	5.84%	852	34.30%	982	39.53%	413	16.63%	92	3.70%
江西	33	2.32%	333	23.45%	438	30.85%	525	36.97%	91	6.41%

（续表）

省、直辖市、自治区、市	≤30 岁		31～40 岁		41～50 岁		51～70 岁		>70 岁	
	人数	百分比	人数	百分比	人数	百分比	人数	百分比	人数	百分比
山东	301	4.18%	2358	32.75%	2927	40.65%	1426	19.80%	189	2.62%
河南	149	3.38%	1674	37.92%	1576	35.70%	1014	22.97%	1	0.02%
湖北	106	2.84%	1041	27.91%	1340	35.92%	1027	27.53%	216	5.79%
湖南	100	3.44%	997	34.32%	1116	38.42%	610	21.00%	82	2.82%
广东	755	8.80%	2986	34.81%	3265	38.06%	1395	16.26%	177	2.06%
广西	48	3.31%	443	30.59%	498	34.39%	374	25.83%	85	5.87%
海南	19	4.20%	118	26.11%	216	47.79%	98	21.68%	1	0.22%
重庆	133	7.38%	613	34.02%	646	35.85%	382	21.20%	28	1.55%
四川	225	3.79%	1733	29.16%	2397	40.33%	1334	22.45%	254	4.27%
贵州	21	2.34%	310	34.52%	347	38.64%	213	23.72%	7	0.78%
云南	110	5.18%	794	37.42%	699	32.94%	517	24.36%	2	0.09%
西藏	2	2.94%	26	38.24%	27	39.71%	11	16.18%	2	2.94%
陕西	57	2.51%	699	30.79%	766	33.74%	525	23.13%	223	9.82%
甘肃	6	0.80%	176	23.56%	275	36.81%	288	38.55%	2	0.27%
宁夏	5	2.30%	62	28.57%	75	34.56%	75	34.56%	0	0.00%
青海	8	4.62%	26	15.03%	42	24.28%	97	56.07%	0	0.00%
新疆	4	0.33%	327	27.20%	469	39.02%	262	21.80%	140	11.65%

附表 2-2

2013 年全国各地区注册会计师学历结构情况

地区	大专		本科		硕士		博士	
	人数	百分比	人数	百分比	人数	百分比	人数	百分比
合计	52078	52.80%	41490	42.07%	4398	4.46%	569	0.57%
北京	4892	36.74%	6949	52.19%	1416	10.63%	58	0.44%
天津	890	48.47%	844	45.97%	91	4.96%	11	0.60%
河北	2443	65.20%	1247	33.28%	51	1.36%	6	0.16%
山西	1832	55.53%	1425	43.19%	36	1.09%	6	0.18%
内蒙古	1261	76.89%	350	21.34%	21	1.28%	8	0.49%
辽宁	1976	57.96%	1233	36.17%	192	5.63%	8	0.23%
吉林	945	55.52%	711	41.77%	38	2.23%	8	0.47%
黑龙江	1683	55.69%	1238	40.97%	95	3.14%	6	0.20%
上海	2634	44.48%	2836	47.89%	442	7.46%	10	0.17%
江苏	2883	58.55%	1862	37.81%	166	3.37%	13	0.26%
浙江	2025	40.07%	2804	55.48%	215	4.25%	10	0.20%
安徽	1713	63.89%	924	34.46%	43	1.60%	1	0.04%
福建	1188	47.83%	1164	46.86%	125	5.03%	7	0.28%
江西	960	67.61%	436	30.70%	21	1.48%	3	0.21%

（续表）

地区	大专		本科		硕士		博士	
	人数	百分比	人数	百分比	人数	百分比	人数	百分比
山东	3338	46.35%	3608	50.10%	196	2.72%	59	0.82%
河南	2838	64.30%	1393	31.56%	90	2.04%	93	2.11%
湖北	2357	63.19%	1198	32.12%	136	3.65%	39	1.05%
湖南	1603	55.18%	1163	40.03%	80	2.75%	59	2.03%
广东	4238	49.41%	3732	43.51%	470	5.48%	48	0.56%
广西	865	59.74%	559	38.60%	24	1.66%	0	0.00%
海南	177	39.16%	242	53.54%	31	6.86%	2	0.44%
重庆	909	50.44%	814	45.17%	72	4.00%	7	0.39%
四川	3692	62.12%	2009	33.80%	160	2.69%	82	1.38%
贵州	455	50.67%	424	47.22%	14	1.56%	5	0.56%
云南	1279	60.27%	765	36.05%	63	2.97%	15	0.71%
西藏	42	61.76%	23	33.82%	1	1.47%	2	2.94%
陕西	1392	61.32%	806	35.51%	71	3.13%	1	0.04%
甘肃	470	62.92%	262	35.07%	14	1.87%	1	0.13%
宁夏	136	62.67%	79	36.41%	2	0.92%	0	0.00%
青海	135	78.03%	34	19.65%	3	1.73%	1	0.58%
新疆	827	68.80%	356	29.62%	19	1.58%	0	0.00%

由于报考注册会计师考试的条件要求是大专及以上学历，而考试是当前取得注册会计师执业资格的唯一方式，可以预见，通过考试取得资格的注册会计师的比例将会进一步提高，并将带动注册会计师队伍向年轻化、专业化发展。

（执笔：曾铁兵、张素青）

分报告三　2013年注册会计师行业人才培养工作报告

2013年，注册会计师行业继续深入推进行业人才培养战略实施工作，加强注册会计师继续教育，全年培训注册会计师达到97458人次，培训非执业会员49606人次；领军人才培养工程继续深入实施，有58名领军人才完成连续6年的跟踪培养顺利毕业，同时在培领军后备人才达到221名。

一、2013年度注册会计师继续教育情况

2013年度，注册会计师继续教育工作围绕贯彻落实党的十八大精神有关人才建设的要求，根据《中国注册会计师行业人才发展规划（2011—2015年）》，在保证培训规模稳定的基础上，适当增加培训人数，进一步突出培训重点，调整培训结构；以保持和提高注册会计师胜任能力为主要目标，分层次、多角度地开展培训，深化

培训内涵，提高培训效果；充分发挥中注协、地方注协、国家会计学院各自优势，形成合力，共同推动行业人才建设再上新台阶。

（一）委托3家国家会计学院培训注册会计师

北京、上海、厦门3家国家会计学院是注册会计师行业人才培养的重要基地，承担着行业领军人才选拔培养和注册会计师高端课程培训。经过不断的探索实践，3家国家会计学院在行业培训中也形成各自培训资源的优势和特点，在行业培训安排上各有侧重。2013年，行业培训有效发挥国家会计学院的基地作用和资源优势，其中北京国家会计学院主要侧重于行业信息化建设、IPO审计、事务所转制等培训主题；上海国家会计学院主要侧重于新业务拓展、高端领导力、事务所品牌建设等培训主题；厦门国家会计学院主要侧重于企业内部控制审计、并购重组、事务所国际化等培训主题。

中注协依托国家会计学院培训平台和培训资源，举办面向行业高级管理人员的高级研修班，其中委托北京国家会计学院举办了事务所转制高级研修班，委托上海国家会计学院举办了会计师事务所品牌建设高级研修班，委托厦门国家会计学院举办了会计师事务所国际化高级研修班。

2013 年，3 家国家会计学院接受中注协委托，完成培训班 40 期，培训注册会计师共 6656 人次。其中，中注协委托 3 家国家会计学院各举办 1 期“中小所试点班”，3 期培训班共培训学员 848 人。

（二）中注协举办远程教育（视频）培训

2013 年，中注协共举办 4 期远程教育（视频）培训班，分别在内蒙古注协、天津注协、北京注协、安徽注协设置主会场，在其他省市注协设置分会场，共计培训注册会计师 16523 人次。4 期远程培训班的主题分别为：税收法规与纳税筹划、注册会计师新业务拓展规划、党组织书记能力建设和小企业审计。

（三）地方注协开展会员继续教育情况

2013 年，各地方注协在积极组织注册会计师参加中注协举办的远程培训班和委托国家会计学院培训班的同时，发挥地区优势，举办各具特色的地方培训班，加强对本地区会计师事务所培训的指导，积极开展地区之间在培训方面的合作。

2013年，全国各地方注协培训总数达到97458人次，培训完成率大多超过95%，其中天津、山西、辽宁、江苏、浙江、安徽、重庆等省、直辖市培训人次数超过了应培训会员数。各地区培训完成情况如图3-1所示。

2013年，全国注册会计师继续教育工作体现了三个特点：以贯彻《中国注册会计师胜任能力指南》要求提升职业胜任能力为核心，以知识更新和执业水平的不断提高为重心，以执业经验分享为主要手段。通过从理论到实务、从知识到技能经验、从不同层级到不同领域的专业群体，最终转化为注册会计师的实际生产力，提升整个行业的执业水平。

二、非执业会员培训情况

2013年，中注协利用上海国家会计学院网络培训资源和中注协远程教育培训系统，为香港地区非执业会

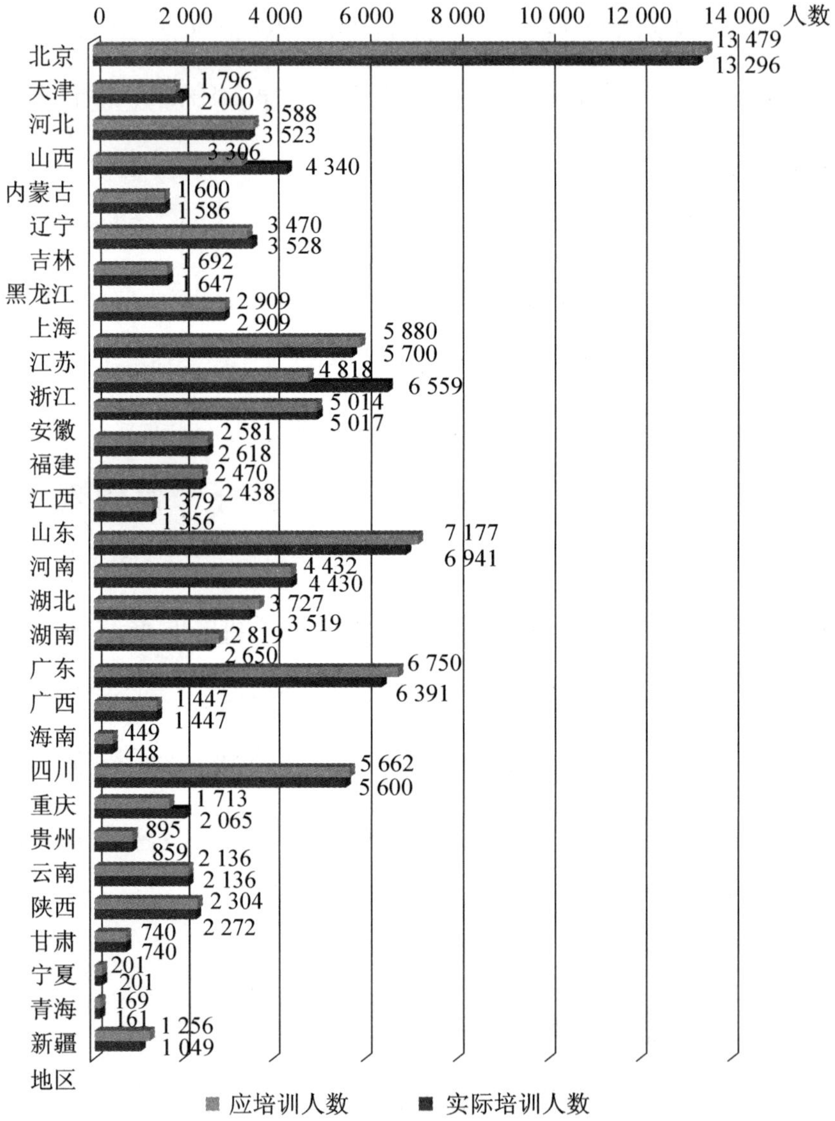

图 3-1　2013 年各地区培训完成数一览

员提供培训；研究推进非执业会员服务工作，创刊非执业会员电子期刊并通过邮箱向非执业会员发送；面向在大型企业担任财务总监的非执业会员举办专题报告会，积极支持企业高级管理会计人才建设；研究开展与境外会计职业组织对非执业会员继续教育学时的互认工作。各地方注协也积极采取措施为非执业会员的继续教育搭建平台。

目前行业对非执业会员的培训主要采取网络异步培训的方式。2013 年，全国共培训非执业会员 49606 人。其中，安徽、广西注协实现了非执业会员培训完成率达到 100%，浙江超过 90%，北京、江苏、福建超过 80%。2013 年非执业会员培训情况如图 3-2、表 3-1 所示。

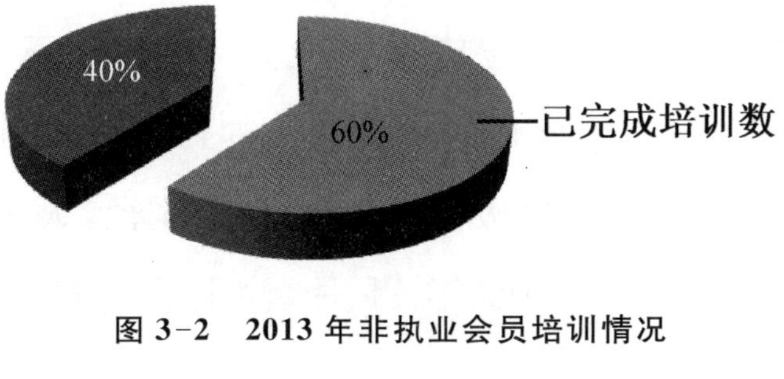

图 3-2　2013 年非执业会员培训情况

表 3-1　2013 年各地区开展非执业会员培训统计表

地区	完成培训人次数	地区	完成培训人次数	地区	完成培训人次数
北京	8492	安徽	3752	重庆	526
天津	430	福建	1326	贵州	150
河北	0	江西	1575	云南	203
山西	280	山东	0	西藏	未开展
内蒙古	66	河南	933	陕西	456
辽宁	1200	湖北	2500	甘肃	260
吉林	900	湖南	527	宁夏	280
黑龙江	200	广东	1750	青海	152
上海	10442	广西	625	新疆	131
江苏	6257	海南	159	合计	49606
浙江	4921	四川	1512		

三、行业领军人才培养工程

2005 年 6 月，中注协在行业人才培养“三十条”中首次全面、系统地提出了注册会计师行业的人才建设发展战略，特别强调“积极开拓人才培养途径，大力培养高层次行业人才”。2005 年 11 月，注册会计师行业英语及综合能力测试正式举办，经过笔试、面试两轮选拔，38名注册会计师入选首批行业领军（后备）人才。2005年至今全行业共选拔产生279名行业领军学员，已毕业行业领军人才58名。先后举办10期行业领军（后备）人才境内培训班、8期境外培训班，参加全国会计领军（后备）人才联合集中培训8次。2013年，中注协在行业领军人才培养方面，重点开展了以下工作：

开展第三批领军（后备）人才（金融审计方向）的选拔测试和集中培训。2013年第三批金融审计方向行业领军学员选拔测试工作对以往做法进行经验总结，选拔的范围、要求、培养目标更为明晰，各项工作任务安排更为合理，工作进度更为紧凑、有效，面试环节引入无领导小组讨论面试模式，强调考察选拔对象的综合分析能力、表达能力以及团队合作精神。经过严格的笔试、面试选拔，最终32名注册会计师入选第三批金融审计方向行业领军（后备）人才。

按照领军人才培养规划的要求，对32名第三批金融审计方向领军学员，组织开展了为期4周的首期境内集中培训，培训内容包括金融业审计技术、金融行业监管专题以及领导能力提高等主题模块。第三批金融审计方向行业领军人才首期集中培训期间，紧密围绕打造国内金融审计团队的目标，领军学员以金融行业发展热点问题、金融审计技术研究等为主题开展了内容丰富、互动灵活的讨论课，形成包括我国银行资本充足率分析、影子银行分析、资产证券化及会计师事务所信息系统建设等多个金融审计业务案例素材，形成理论知识与执业实务的立体结合。培训期间还组织领军学员参观中国银行，亲身感受大型金融机构经营活动，体验风险管理理念，熟悉银行的信息化系统和数据系统。通过与银行专业人士座谈交流，了解注册会计师在帮助金融机构提高信息披露质量、完善内部治理、改进业务流程等方面应当具备的专业能力要求及作用，巩固课堂学习的知识基础，实现了“所学即所用、所用为所学”的培训目标。

此外，组织 9 批注册会计师行业领军（后备）人才参加在上海国家会计学院举办的全国会计领军（后备）人才第八次联合集中培训。

开展第二批金融审计方向行业领军（后备）人才境外培训。第二批金融审计方向领军学员境外培训于2013年8月下旬至9月中旬在美国举办，主题为“借鉴学习美国同业经验，践行引领我国行业发展”。在为期20天的境外培训中，培训班学员先后在美国注册会计师协会（AICPA）、加利福尼亚州注册会计师协会等相关单位，旧金山联邦储备银行、美国公众公司会计监督委员会（PCAOB）等政府机构接受培训，考察世界银行、纽约联邦存款保险公司及美国证券投资者保护公司等专业机构，与花旗银行、摩根斯坦利等业界翘楚公司专家座谈，走访德勤、安永、致同3家会计师事务所，围绕金融审计主题，以提升我国注册会计师行业执业人员的素质，培养金融审计领域专业胜任能力与核心领导力兼备的行业领军人才为目标，结合执业实践，就国际会计审计知识最新动态、美国金融市场发展与金融监管、金融公司审计业务实践、美国资本市场上市规则、美国注册会计师执业模式及监管环境知识专题进行培训。

组织第二批行业领军(后备)人才毕业活动。根据《全国会计领军(后备)人才培养工程毕业考核办法(试行)》的要求,筹备并完成第二批注册会计师行业领军(后备)人才毕业相关工作。具体包括按照考核办法要求,落实集中培训期间的出勤情况和学习成绩以及在训期间执业操守、工作职位晋升、参与行业建设、考取国际资质、承担科研课题、发表研究文章等9项指标,以及社会影响、行业影响等6项加分因素等指标的具体评分,全面反映注册会计师行业领军学员经过6年的系统培养在提升个人素质、参与事务所建设、引领行业发展等方面取得的进步和成绩。经过毕业考核认定,第二批注册会计师行业领军(后备)人才培训班23名学员顺利毕业。

为发挥高端人才在本地区行业发展和事务所建设中的引领作用,各地注协积极加强高端人才的选拔和培养。截至2013年,北京、天津、河北、山西、辽宁、吉林、黑龙江、上海、江苏、浙江、安徽、江西、河南、湖北、广西、海南、重庆、陕西、甘肃、新疆、山东等 21 个地区已经启动或继续开展本地区领军人才的选拔和培养工作。各地注协在培高端人才总数达到 940 余名，如图 3-3 所示。

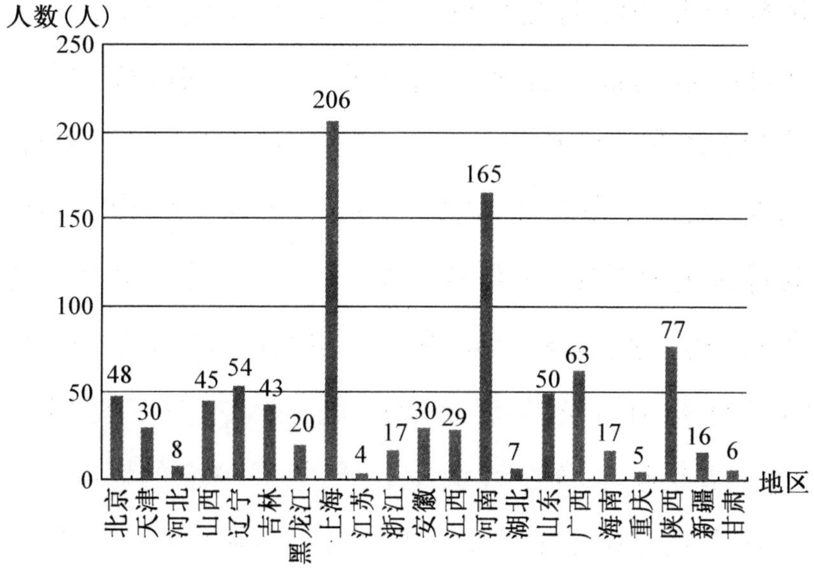

图 3-3　各地在培高端人才人数

四、行业后备人才培养工程

自 1994 年在院校开设注册会计师专业方向教育以来，注册会计师专业方向院校设置几经调整。1994 年，在具有培养会计博士研究生资格的 7 所院校设立注册会计师专业方向，1995 年扩大到 23 所院校。2006 年开始，通过教学质量评估，对达不到注册会计师专业方向办学要求的院校停止资助。截至 2013 年 9 月，共对 19 所院校开设的注册会计师专业方向给予资金资助，注册会计师行业与设立注册会计师专业方向的院校之间，形成了“教学质量评估、师资培训、学生境外实习、共建实习基地”四位一体的行业后备人才培养合作模式，把注册会计师专业方向建设成为定位明确、优势突出、国际水平的一流专业，为行业源源不断输送新鲜血液，为培养符合行业国际化发展要求的高端人才奠定基础。注册会计师专业本身在社会上也产生了一定的影响力，成为亿万公众知晓、万千学子向往的品牌专业。2013 年，重点开展了以下工作：

组织实施优秀学生境外实习选派工作。指导第 8 期项目的 97 名学生顺利完成 2013 年度 1 月至 5 月的境外实习，协助学生办理出境事宜，积极与境外实习单位沟通，确保每一位实习学生顺利出境并完成 3 个月的境外实习。第8期学生实习结束后，继续关注第8期项目的学生到签约事务所工作履约情况，积极与院校、签约事务所沟通，确保实习学生能够到事务所工作并顺利在院校报销出境费用。

2013年5月，启动2013年度（第9期）注册会计师专业方向院校学生境外实习项目，向全球14家国际会计公司及网络的联系人发送函件，共征集到境外实习名额83名。9月23～24日，组织开展了2013年度（第9期）注册会计师专业方向院校学生境外实习项目的选拔及签约工作，全国19所注册会计师专业方向院校的130名大学四年级学生参加了选拔测试，最终选出了83名学生参加境外实习，并与国内11家会计师事务所签订就业工作协议。2005年以来历年选拔参与境外实习学生人数如图3-4所示。

完成2013年度注册会计师专业方向教学质量评估工作。2013年3月，根据2012年度教学质量评估经验及院校反映的情况，重新修订了《注册会计师专业方向院校教学质量评估指标体系》，并使用该指标体系对19

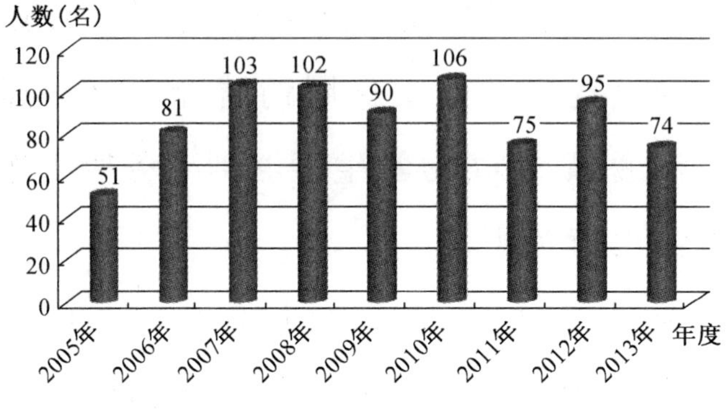

图 3-4　选拔参与境外实习学生人数

所院校进行教学质量评估。2013 年 4 月，按照《注册会计师专业方向院校考核办法》的规定开展了 2013 年度教学质量评估工作。2013 年 5 月，根据评估结果，完成了《2013 年度全国 19 所注册会计师专业方向院校教学质量评估情况的报告》，据此提出 2013 年度注册会计师专业方向院校资助经费拨款建议。

完成 2013 年度（第 9 期）注册会计师专业方向核心课程师资培训工作。2013 年 7 月 15—28 日，中注协与 ICAEW 合作举办的核心课程师资境外培训班在英国举办，来自 19 所注册会计师专业方向院校的 19 名高级管理人员参加了此次培训。2013 年 7 月 28 日至 8 月 4

日，中注协与 ACCA 合作举办的核心课程师资培训班在厦门国家会计学院举办，来自全国 19 所注册会计师专业方向院校、5 家特邀院校及 4 家中注协联系院校的 39 位教师参加本期培训。

召开 2013 年度注册会计师行业与高校会计院（系）沟通会。2013 年，建立起中注协与全国 600 多所设立有会计专业的高校联系机制。10 月 22 日，中注协举办 2013 年度注册会计师行业与高校会计院（系）沟通会。会议提出，注册会计师行业与院校合作，要坚持互动、互补、互助、互利，共同探索会计专业人才的成长规律，共享会计专业人才的培养资源，共同提升会计专业人才的培养水平，为中国市场经济发展做出贡献。会议采取远程视频方式召开，邀请了中国人民大学、中央财经大学、中南财经政法大学、厦门大学 4 位教授就教育理念、产学研建设、教学体会、教材编写等内容作大会发言。来自全国 235 所高校会计专业负责人、教师，各省、自治区、直辖市注册会计师协会秘书长、分管培训工作的副秘书长、培训部门负责人共 600 余人参加了会议。

一些地方注协也行动起来，与当地重点院校建立起协作关系，采取组织注册会计师进入校园宣讲、资助大学生参与事务所实习项目、为中小规模事务所搭建校园招聘平台等多种形式，在事务所与人才培养机构之间架设桥梁，提高在校学生对注册会计师行业的认知，提升行业对后备人才的吸引力。

在后备人才培养的教育教学改革创新方面，2013年呈现出两个特点：

一是职业胜任能力培养与学历教育相结合，提升注册会计师行业后备人才的职业潜质。一方面，完善相关专业院校的核心课程，以课程开发是否满足提升后备人才的胜任能力、夯实知识基础为核心，以学习和掌握会计财务相关知识、组织和企业知识与信息技术知识为目标，强调专业课程设计的科学性、针对性；另一方面，推行以审计案例分析为核心的模拟实验室建设。

二是注册会计师执业专家与学术教育课堂相结合，提高学生的职业规划能力。一方面，加强专业院校师资培训，采用“走出去”的策略，定期选派教师到会计师事务所进行实际工作，培养“双师型”教师，让教师掌握审计实践技术，在实践中感受注册会计师胜任能力的内涵与形成过程，再把相关职业经验带回课堂，促进教学质量提升。另一方面，聘请会计师事务所资深专业人士深入相关院校开设执业实践类课程、讲座，确保学生尽快熟悉职业发展要求。

（执笔：白晓红、张莹）

分报告四　2013 年注册会计师全国统一考试分析报告

2013 年度注册会计师全国统一考试，全国共有 57 万名考生报名参加专业阶段考试，2.2 万名考生报名参加综合阶段考试，约 12 万人科次取得专业阶段单科合格成绩，12336 人通过综合阶段考试。截至 2013 年年底，我国注册会计师全国统一考试共举办 22 次，累计已有 17.8 万人通过考试取得注册会计师全国统一考试全科合格证书。

一、考试报名及出考情况分析

（一）总体情况

从报名情况看，2013 年度注册会计师全国统一考试专业阶段考试有 57 万人报名，累计报考科次达到 152 万科次；综合阶段考试有 2.2 万人报名。

从出考情况看，2013 年度专业阶段考试出考 28 万人、57 万科次，平均出考率为 38%；综合阶段考试出考 18384 人，平均出考率为 82%。

总体来看，2013 年度考试报名人数、报考科次与 2012 年度相比略有增加，出考率有所下降。

具体情况如表 4-1 所示。

表 4-1　2012—2013 年度注册会计师考试报名及出考情况表

项目 \ 年度 / 阶段	2013		2012	
	专业阶段	综合阶段	专业阶段	综合阶段
报名人数	57 万人 152 万科次	22269 人	54 万人 135 万科次	12948 人
出考人数	28 万人 57 万科次	18384 人	29 万人 58 万科次	11695 人
出考率	38%	82%	43%	90%

（二）结构分析

从报名考生职业性质来看，从事会计、审计工作的报名考生占报名总人数的比例达到 53%，占比超过一半。

从报名考生专业类别来看，在会计审计类、财经类和非财经类三大专业类别中，会计审计类的报名考生占比达到 56%，远远高于财经类和非财经类的报名考生人数。

从报名考生学历来看，本科及以上学历报名考生占报名总人数的比例超过 75%。

从报名考生年龄来看，绝大部分考生年龄都在 45 岁以下，其中 35 岁以下的报名考生占报名总人数的 93%。

从报名考生所在地域来看，报名考生人数最多的地区为北京、广东、上海、江苏和山东，这五个地区的报名人数总和约占报名总人数的 50%；报名人数较少的地区为西藏、青海、海南、宁夏，这四个地区的报名人数总和占报名总人数的比例不到 1%。

二、考试结果情况分析

（一）总体情况

2013 年是注册会计师全国统一考试实施计算机化

考试的第二年[①]。计算机化考试的实施，有效地提高了考试的组织管理水平。考试实施期间，全国绝大部分考区网络通畅，供电正常，机器设备运行正常，考场秩序井然；各个责任主体、各个环节之间的沟通与合作顺畅，并及时妥善处理了机考中出现的突发情况。整个考试组织实施工作衔接有序、保障有力、平稳顺利。

2013年度注册会计师全国统一考试专业阶段各科目平均合格率为21.03%，约有12万人次取得单科合格成绩，有16751人累计通过专业阶段6科考试，取得专业阶段考试合格证书[②]；有12336人通过综合阶段考试，取得注册会计师全国统一考试全科合格证书，合格率为67.1%。考试成绩结果表明，2013年度考试成绩符合预期，不同群体考生成绩差异明显，体现了注册会

① 为了提高注册会计师全国统一考试的安全性和管理水平，财政部注册会计师考试委员会决定自2012年起，在注册会计师全国统一考试中实施计算机化考试。

② 这里指2013年新增16751人完成专业阶段6科考试从而取得专业阶段考试合格证书，既包括2013年一次性通过6科考试者，也包括在单科成绩5年有效期内累计完成6科考试者。

计师考试的行业特性和职业导向。

截至 2013 年，累计已有 17.8 万人通过注册会计师全国统一考试，为经济社会发展和注册会计师行业发展选拔培养了一大批合格的人才队伍。

（二）结构分析

从考生单位性质来看，会计师事务所以及企业、公司类别的考生，专业阶段平均合格率为 24.38%，综合阶段合格率为 72.69%，均高于专业阶段 21.03%、综合阶段 67.1%的总体平均水平。

从考生职业性质来看，专业阶段考试中，从事会计、审计工作的考生合格率约为 28%，高于其他行业的考生。综合阶段考试中，不同职业性质考生的合格率差异不大，但从事会计、审计工作的考生合格率也高于总体平均水平。在高分考生中，从事会计、审计工作考生的比例则相对较高，综合阶段考试尤为明显。专业阶段 6 个科目前 10 名考生中，有 35 名从事会计、审计工作，占比接近 6 成；综合阶段考试前 10 名考生中，则有 8 名从事会计、审计工作。

从考生学历来看，考试成绩与考生学历呈现显著的正相关关系。专业阶段考试，硕士研究生及以上学历考生的合格率最高，约29%；本科学历考生其次，约23%；大专学历考生合格率最低，约13%。综合阶段考试合格率趋势与此相同，硕士研究生及以上学历考生的合格率最高，大专学历考生的合格率则明显低于平均水平。

从考生专业来看，在会计审计类、财经类和非财经类三大专业类别中，财经类专业的考生合格率相对较高，会计审计类专业考生并无明显优势。

三、考试发展趋势分析

从专业阶段考试来看，2013年度考试顺利实施，意味着2009年注册会计师考试制度改革后专业阶段考试第一个5年周期（2009—2013年）结束[①]。

① 2009年，注册会计师考试制度实施改革，将注册会计师考试划分为专业阶段和综合阶段两个阶段。2009年举行第一次专业阶段考试，当年没有综合阶段考试，2010年举行第一次综合阶段考试。因此，综合阶段考试第一个5年周期到2014年完成。

经验表明，由于专业阶段考试单科合格成绩有效期为5年，在第一个5年的考试周期中，专业阶段6科累计合格人数会呈现逐年上升趋势；在第一个5年周期以后的考试年度中，专业阶段6科考试平均合格率通常会在一定区间内保持基本稳定。

表4-2列示了考试制度改革后2009—2013年度注册会计师考试专业阶段考试的基本数据。

表4-2　2009—2013年度注册会计师考试专业阶段数据统计表

年度	报名人数（万人）	出考人数（万人）	专业阶段合格人数（人）（截至当年累计）	专业阶段单科平均合格率
2009	48.5	22.9	597	19.19%
2010	52.8	26.8	6751	24.92%
2011	55.2	26.6	9980	25.61%
2012	54.2	29	14730	26.58%
2013	57	27.9	16751	21.03%

图4-1、图4-2和图4-3分别列示了2009—2013年度注册会计师考试专业阶段考试的一些基本趋势。

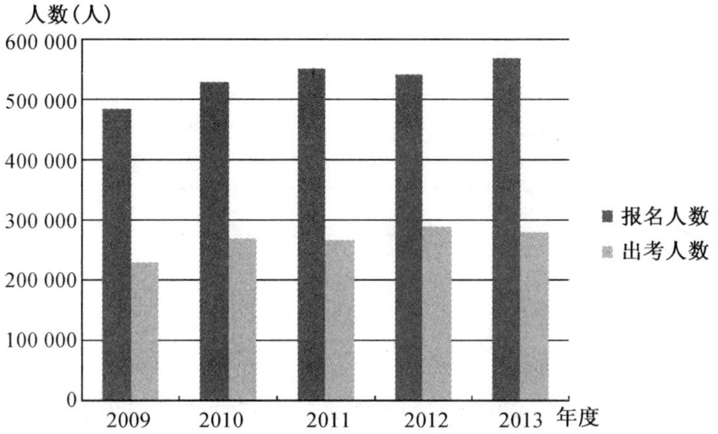

图 4-1　2009—2013 年度注册会计师考试专业阶段考试报名和出考人数

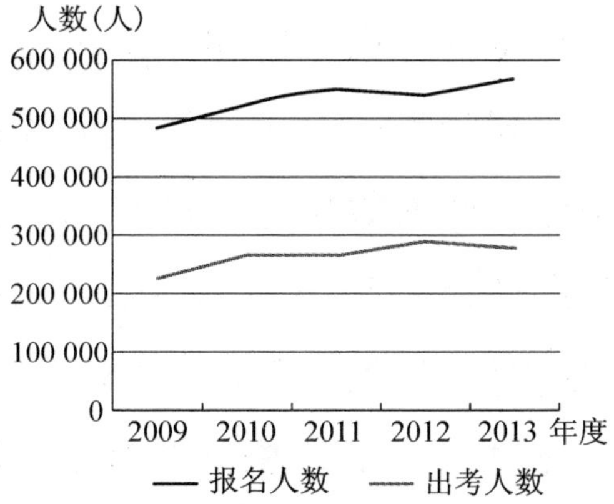

图 4-2　2009—2013 年度注册会计师考试专业阶段考试报名和出考人数趋势

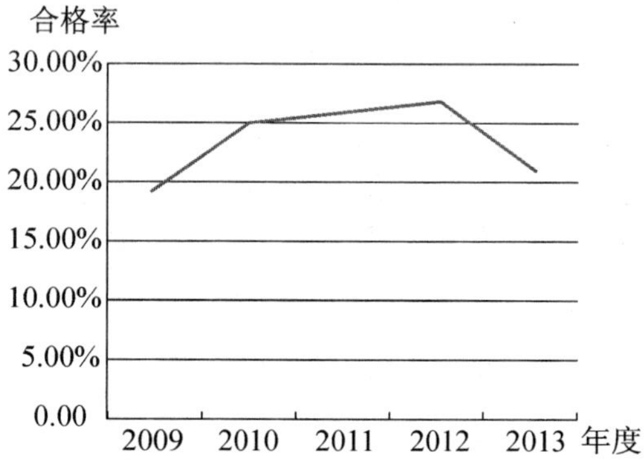

图 4-3　2009—2013 年度注册会计师考试专业阶段考试单科平均合格率趋势

可以发现，专业阶段考试报名人数呈现出每年小幅增长的趋势，出考人数和出考率则基本保持稳定，每年变化不大。单科平均合格率则在一定区间范围内变化，变化幅度不大。累计通过专业阶段 6 科考试，取得专业阶段考试合格证书的人数保持了稳定的增长趋势。

从综合阶段考试来看，考生需要通过专业阶段 6 科考试后，才能参加综合阶段考试。因此，综合阶段考试报名人数与专业阶段考试合格人数紧密相关。但由于两个阶段的测试目标和测试重点有所不同，综合阶段考试呈现出的特点和规律与专业阶段并不完全相同。

表 4-3、图 4-4、图 4-5 列示了 2010—2013 年度综合阶段考试的基本数据和趋势。

表 4-3　2010—2013 年度注册会计师考试综合阶段数据统计表

年度	报名人数(人)	出考人数(人)	合格人数(人)	合格率
2010	496	446	312	69.96%
2011	6726	5991	3264	54.48%
2012	12948	11695	4812	41.15%
2013	22269	18384	12336	67.10%

图 4-4 和图 4-5 列示了综合阶段考试的一些基本趋势。

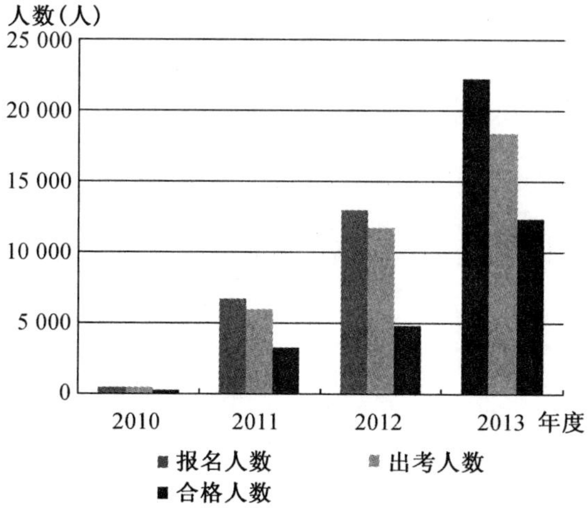

图 4-4　2010—2013 年度注册会计师考试综合阶段考试报名、出考和合格人数

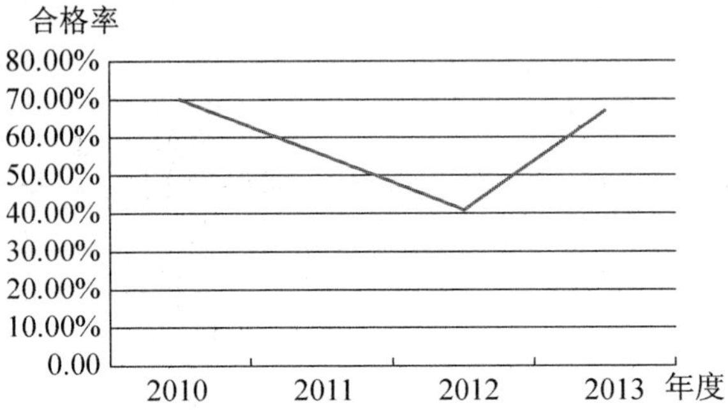

图 4-5 2010—2013 年度注册会计师考试综合阶段考试合格率趋势

可以发现，综合阶段考试报名人数每年都在增长，且幅度较大。这主要是因为考试处于第一个 5 年周期，符合综合阶段考试报名资格的人数每年增长较快。随着第一个 5 年周期结束，综合阶段考试报名人数将会逐步趋于稳定，不会继续大幅增长，专业阶段考试平均合格率和综合阶段考试合格率也会保持基本稳定。

（执笔：易琮、万俊杰）

分报告五　2013年上市公司审计情况分析报告(一)

——财务报表审计情况分析

2013年1～4月，沪深两市共有2493家上市公司对外披露了2012年度财务报表审计报告。其中，沪市主板954家、深市主板483家、深市中小企业板701家、深市创业板355家。2013年，共有47家证券事务所参与上市公司2012年年报审计工作。

一、财务报表审计报告意见类型

在证券事务所出具的2493份上市公司2012年度财务报表审计报告中，标准审计报告2404份，非标准审计报告(以下简称非标报告)89份，占3.57%。在89份非标报告中，带强调事项段的无保留意见审计报告71份，保留意见审计报告15份，无法表示意见审计报告3份。而上市公司2011年度财务报表非标报告的数量与比例分别为115份和4.87%。具体如表5-1所示。非标报告的

表 5-1　2006—2012 年度上市公司财务报表审计报告意见类型总体情况

年度	项目	标准审计报告	非标准审计报告							总计
			无保留意见+强调事项段	无保留意见+其他事项段	无保留意见+强调事项段+其他事项段	保留意见	无法表示意见	否定意见	小计	
2012	数量	2404	71	0	0	15	3	0	89	2493
	比例	96.43%	2.85%	0	0	0.60%	0.12%	0	3.57%	100%
2011	数量	2247	90	1	1	19	4	0	115	2362
	比例	95.13%	3.81%	0.04%	0.04%	0.80%	0.17%	0	4.87%	100%
2010	数量	2011	86	0	0	25	7	0	118	2129
	比例	94.46%	4.04%	0	0	1.17%	0.33%	0	5.54%	100%
2009	数量	1655	87	0	0	13	19	0	119	1774
	比例	93.29%	4.90%	0	0	0.74%	1.07%	0	6.71%	100%
2008	数量	1514	75	0	0	18	17	0	110	1624
	比例	93.23%	4.62%	0	0	1.11%	1.05%	0	6.77%	100%
2007	数量	1449	90	0	0	14	17	0	121	1570
	比例	92.29%	5.73%	0	0	0.89%	1.08%	0	7.71%	100%
2006	数量	1305	82	0	0	39	30	0	151	1456
	比例	89.63%	5.63%	0	0	2.68%	2.06%	0	10.37%	100%

数量在2012年首次降至两位数，占全部报告的比例继续保持2006年度以来的连续下降态势(详见图5-1)。

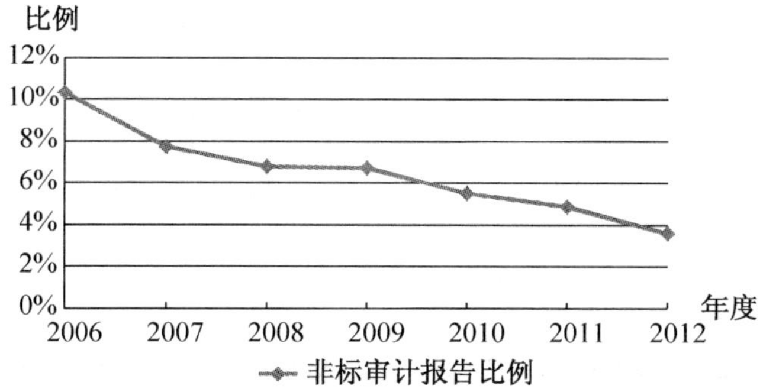

图5-1　2006—2012年度非标审计报告比例变动趋势

非标报告在全部报告中的比重不断下降，意味着标准审计报告的数量和比例不断上升，这说明上市公司越来越重视注册会计师提出的调整或披露建议，越来越多的上市公司按注册会计师的意见实施必要调整，从而使财务报表能够更加公允地反映被审计单位的财务状况、经营成果和现金流量。

二、财务报表审计前后的数据调整

(一) 利润总额审计调整231亿元

2493家上市公司审计前利润总额为27101亿元，

审计后利润总额为 27000 亿元，净调减利润 101 亿元。其中，审计调增额 65 亿元，占审计前利润总额的 0.24%；审计调减额 166 亿元，占审计前利润总额的 0.61%。调整利润总额 231 亿元，占审计前利润总额的 0.85%。审计后利润总额调减的上市公司有 1036 家，占上市公司总数的 41.56%。具体如表 5-2 所示。

表 5-2　2001—2012 年度上市公司利润审计调整总额

年度	上市公司家数(家)	利润审计调整总额(亿元)及比例
2012	2493	231(0.85%)
2011	2362	210(0.80%)
2010	2129	286(0.72%)
2009	1774	182(1.25%)
2008	1624	457(4.14%)
2007	1570	711(5.18%)
2006	1456	462(8.53%)
2005	1371	563(19.76%)
2004	1376	640(21.66%)
2003	1241	368(24.90%)
2002	1199	520(34.00%)
2001	1128	440(37.00%)

(二) 应交税费审计调整162亿元

2493家上市公司审计前应交税费为5424亿元,审计后为5528亿元,净调增应交税费104亿元。其中,审计调增额133亿元,占审计前应交税费的2.45%;审计调减额29亿元,占审计前应交税费的0.54%。调整应交税费总额162亿元,占审计前应交税费的2.99%。审计后应交税费调增的上市公司有818家,占上市公司总数的32.81%。具体如表5-3所示。

表5-3　2001—2012年度上市公司应交税费审计调整总额

年度	上市公司家数(家)	应交税费审计调整总额(亿元)及比例
2012	2493	162(2.99%)
2011	2362	150(2.64%)
2010	2129	137(3.34%)
2009	1774	93(3.88%)
2008	1624	114(3.93%)
2007	1570	133(5.12%)
2006	1456	88(8.01%)
2005	1371	69(14.50%)
2004	1376	52(10.00%)

（续表）

年度	上市公司家数（家）	应交税费审计调整总额（亿元）及比例
2003	1241	62（24.80%）
2002	1199	58（22.40%）
2001	1128	40（17.70%）

（三）资产总额审计调整 4109 亿元

2493 家上市公司审计前资产总额为 1196395 亿元，审计后资产总额为 1193542 亿元，净调减资产总额 2853 亿元。其中，审计调增额 628 亿元，占审计前资产总额的 0.05%；审计调减额 3481 亿元，占审计前资产总额的 0.29%。调整资产总额 4109 亿元，占审计前资产总额的 0.34%。审计后资产总额调减的上市公司有 774 家，占上市公司总数的 31.05%。具体如表 5-4 所示。

表 5-4　2001—2012 年度上市公司资产总额审计调整额

年度	上市公司家数（家）	资产总额审计调整总额（亿元）及比例
2012	2493	4109（0.34%）
2011	2362	2912（0.28%）

（续表）

年度	上市公司家数(家)	资产总额审计调整总额(亿元)及比例
2010	2129	3006(0.35%)
2009	1774	1963(0.32%)
2008	1624	2266(0.46%)
2007	1570	4179(1.00%)
2006	1456	2371(1.01%)
2005	1371	1790(2.39%)
2004	1376	2645(4.03%)
2003	1241	2181(5.40%)
2002	1199	1843(4.40%)
2001	1128	1731(5.60%)

综合表5-2、表5-3和表5-4的相关信息，为确保审计工作质量，注册会计师不断提请上市公司调整审计过程中发现的财务报表差错，2001—2012年度，已累计调整利润5070亿元、应交税费1158亿元、资产总额30996亿元。通过年报审计调整，注册会计师有效地过滤了资本市场中的不实信息，提高了上市公司财务信息的可靠性，提升了资本市场的整体信息质量。

三、非标报告分析

（一）非标报告的公司板块分布

在上市公司 2012 年度财务报表审计 89 份非标报告中，沪市主板和深市主板的上市公司非标报告 76 份，占非标报告总数的 85.39%，与中小板和创业板相比，主板公司的非标报告比例较高。与 2011 年年报相比，2012 年年报的中小板、创业板非标报告呈上升趋势。具体如表 5-5 所示。

表 5-5　2012 年年报上市板块审计报告意见类型汇总表

财务报表审计意见类型	沪市主板（份）	深市主板（份）	中小板（份）	创业板（份）	合计（份）
（标准）无保留意见	910	451	691	352	2404
带强调事项段的无保留意见	36	27	7	1	71
带其他事项段的无保留意见	0	0	0	0	0
保留意见	6	4	3	2	15
否定意见	0	0	0	0	0
无法表示意见	2	1	0	0	3
非标准审计意见小计	44	32	10	3	89
非标报告比例	4.61%	6.63%	1.43%	0.85%	3.57%
合计	954	483	701	355	2493

（二）非标报告的公司行业分布

就行业分布而言，制造业上市公司是非标报告出具的主要对象，其非标报告公司占行业全部公司的比例逐年上升(详见图 5-2)。批发和零售贸易，信息技术业，房地产业，农、林、牧、渔业，以及综合类等也是非标报告公司比例较高的行业。2012 年，农、林、牧、渔业被出具非标报告的比例较 2011 年有较大幅度增长，且非标报告的公司比例在所有行业中最高，非标报告(5 份)占该

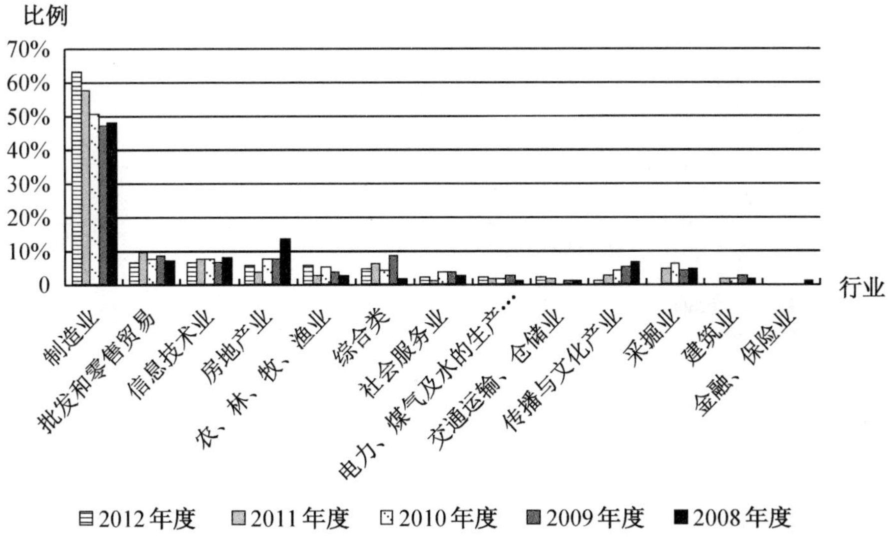

图 5-2　2008—2012 年度非标准审计报告行业比例变动趋势

行业审计报告总数(49份)的比例达到10.2%。具体如表5-6所示。

表5-6 2008—2012年度财务报表审计非标报告公司行业分布

行业	年度财务报表审计非标报告公司家数				
	2012年	2011年	2010年	2009年	2008年
制造业	56	66	60	56	53
批发和零售贸易	6	11	9	10	8
信息技术业	6	9	9	8	9
房地产业	5	4	9	9	15
农、林、牧、渔业	5	3	6	4	3
综合类	4	7	5	10	2
社会服务业	2	1	4	4	3
电力、煤气及水的生产和供应业	2	2	2	3	1
交通运输、仓储业	2	2	0	1	1
传播与文化产业	1	3	5	6	7
采掘业	0	5	7	5	5
建筑业	0	2	2	3	2
金融、保险业	0	0	0	0	1
合计	89	115	118	119	110

(三)ST公司是非标报告出具的主要对象

2006—2012年度,ST公司在非标报告中所占比重均超过50%,2009年度最高,达到81.51%。同时,2006—2012年度,ST公司被出具非标报告的家数及比例,均高于非ST公司被出具非标报告的家数与比例。此外,如前所述,2006—2012年度,上市公司整体非标报告比例分别为10.37%、7.71%、6.77%、6.71%、5.54%、4.87%和3.57%。ST公司被出具非标报告的比例,远远高于同期上市公司的整体非标报告比例。2012年度,在ST公司被出具非标报告数量和比例下降的同时,非ST公司被出具非标报告的家数及比例上升。具体如表5-7、表5-8所示。

表5-7 非标审计报告的ST公司和非ST公司构成

年度	被出具非标报告的公司		
	家数(家)	其中:ST公司数量及比例	其中:非ST公司数量及比例
2012	89	46(51.69%)	43(48.31%)
2011	115	87(75.65%)	28(24.35%)
2010	118	87(73.73%)	31(26.27%)

（续表）

年度	被出具非标报告的公司		
	家数（家）	其中：ST 公司数量及比例	其中：非 ST 公司数量及比例
2009	119	97(81.51%)	22(18.49%)
2008	110	82(74.55%)	28(25.45%)
2007	121	88(72.73%)	33(27.27%)
2006	151	108(71.52%)	43(28.48%)

表 5-8　ST 公司和非 ST 公司被出具非标报告的家数及比例

年度	ST 公司		非 ST 公司	
	总家数（家）	其中：被出具非标报告数量及比例	总家数（家）	其中：被出具非标报告数量及比例
2012	122	46(37.70%)	2371	43(1.81%)
2011	165	87(52.73%)	2197	28(1.27%)
2010	174	87(50.00%)	1955	31(1.59%)
2009	166	97(58.43%)	1608	22(1.37%)
2008	173	82(47.40%)	1451	28(1.93%)
2007	180	88(48.89%)	1390	33(2.37%)
2006	171	108(63.16%)	1285	43(3.35%)

（四）连续多年未变更审计机构的公司非标报告比例相对较低

2009—2012 年度，连续由同一家事务所提供年报审计服务的上市公司有1580家。在这些公司中，被出具非标报告的数量及比例分别为：2009年度67家，占4.24%；2010年度70家，占4.43%；2011年度64家，占4.05%；2012年度51家，占3.23%。连续多年未变更审计机构的上市公司非标报告比例普遍低于上市公司整体非标报告比例。这在一定程度上表明，一方面，在长期的业务服务过程中，事务所的专业胜任能力能够得到上市公司的认可，其提请更正财务报表错报的意见能够被上市公司所接受；但另一方面，事务所常年为同一家上市公司提供年报审计服务，可能与其产生密切关系，存在损害注册会计师独立性，进而影响年报审计工作质量的风险。

（五）公司持续经营能力存在重大不确定性依然是非标报告出具的主要原因

1. 带强调事项段的无保留意见审计报告

从强调事项段的内容来看，在全部71份带强调事项段无保留意见审计报告中，有49份针对上市公司或其子公司持续经营能力存在的重大不确定性，占

69.01%；10 份因诉讼结果存在不确定性，占 14.09%；2 份因监管措施的未来结果存在不确定性，占 2.82%；其余 10 份分别针对上市公司存在的合同执行、会计估计变更、重大关联方非经营性占用资金、赔偿事项、未来经营成果等不确定事项。

2. 保留意见的审计报告

从说明段内容来看，在全部 15 份保留意见报告中，有 11 家导致发表保留意见的原因为审计范围受到限制，其中 3 家因为无法对境外投资公司或客户实施审计程序，而发表了保留意见。4 家因监管立案调查尚未结束，无法确定调查事项对财务报表可能产生的影响。

3. 无法表示意见的审计报告

从说明段的内容来看，3 家上市公司被出具无法表示意见报告的主要原因在于：持续经营能力存在重大不确定性、或有及诉讼事项、对外抵押担保、逾期欠债、资产减值及破产重整可能产生的影响非常重大和广泛，注册会计师无法实施必要的审计程序，以获取充分、适当的审计证据，判断管理层继续按照持续经营假设编制财务报表是否适当，也无法证明公司拟采取或已采取的相关措施能否有效改善公司经营。上述3家公司均涉及持续经营能力存在重大不确定性。

持续经营是企业会计核算的重要内容。企业的持续经营能力如何，直接影响财务报告使用者的决策与合法权益，直接关乎资本市场的稳定与繁荣。同时，持续经营也是注册会计师职业判断的重要领域，在执行审计工作时，注册会计师能否合理判定被审计单位的持续经营能力状况，直接决定审计工作的质量与成败。

从2012年年报审计情况看，在89份非标准审计报告中，有52份是由于上市公司的持续经营能力存在重大不确定性，占58.43%。这在一定程度上表明，注册会计师在审计过程中充分关注了影响公司持续经营的各类事项，上市公司相关财务报表重大错报风险的识别和评估得到重视，一定程度上保证了审计工作质量。

非标报告中有6家因监管调查尚未结束，无法确定调查事项对财务报表可能产生的影响。这一方面反映监管部门对上市公司监管力度增强；另一方面反映注册会计师对财务报表错报风险较大的上市公司的审计态度相对谨慎。

非标报告中有 3 家因为无法对境外投资公司或客户实施审计程序，而发表了保留意见。随着中国企业的国际化，中国会计师事务所如何稳健、快速、有效地“走出去”，是行业发展面临的一个重大课题和紧迫任务。

四、审计机构变更情况分析

在披露 2012 年年报的 2493 家上市公司中，有 499 家变更了年报审计机构，占全部上市公司的 20.02%，与 2011 年（307 家，13%）、2010 年（111 家，5.21%）、2009 年（132 家，7.44%）、2008 年（135 家，8.31%）、2007 年（147 家，9.36%）以及 2006 年（154 家，10.58%）相比，上市公司变更年报审计机构的数量与比例均有所上升。

（一）上市公司变更年报审计机构原因分析

从证券事务所报备的年报审计业务变更信息来看，2012 年度，上市公司变更事务所的原因主要包括：事务所合并、时间安排或地域原因、前任事务所聘期已满、控股股东或实际控制人变更后委派审计师、项目主要审计团队加入后任事务所、重大资产重组后重新选聘事务所、前任服务年限较长，以及上市公司重新招标等。其中，有 285 家上市公司变更年报审计机构是由于事务所合并造成的，占 57.11%。具体如表 5-9 所示。

表 5-9　上市公司变更审计机构原因统计

变更原因	上市公司数量（家）	比例
事务所合并	285	57.11%
前任事务所聘期已满	48	9.62%
项目主要审计团队加入后任事务所	47	9.42%
前任服务年限较长	31	6.21%
重大资产重组后重新选聘事务所	15	3.01%
前任解体	14	2.81%
时间安排或地域原因	14	2.81%
重新招标	14	2.81%
控股股东或实际控制人变更后委派审计师	5	1%
其他	26	5.21%
合计	499	100%

（二）变更审计机构的上市公司审计意见类型分析

2012年度，变更年报审计机构的499家上市公司中，被出具非标报告的上市公司共24家。其中，19家上市公司的财务报告被出具了带强调事项段的无保留意见审计报告，3家被出具了保留意见的审计报告，2家被出具了无法表示意见的审计报告，非标报告比例为4.81%，超过全部上市公司3.57%的非标报告比例。2011年度、2010年度和2009年度，变更年报审计机构的上市公司分别有307家、111家和132家，被出具非标报告的分别为23家、20家和17家，非标报告比例分别为7.49%、18.02%和12.88%，同样远高于当年全部上市公司的非标报告比例。在上述被出具非标报告的24家上市公司中，有8家在2011年被出具了标准审计报告。

变更事务所的上市公司被出具更高比例的非标报告，而且审计收费没有下降，这在一定程度上反映出注册会计师能够遵循执业准则要求，敢于揭示上市公司财务报告中存在的重大问题，事务所的专业胜任能力得到上市公司的认可。

同时,有37家2011年度审计报告为非标意见的上市公司变更了审计机构,变更后有21家公司的审计报告为标准无保留意见。2012年度,变更事务所后上市公司审计意见由重变轻的有24家,占变更事务所的公司审计意见类型变化的75%,亦有2家审计收费下降。这在一定程度上表明,在2012年年报审计中,仍可能存在“低价揽客”,以及通过变更审计机构购买审计意见的情形。

（执笔：罗梅、齐飞）

分报告六　2013年上市公司审计情况分析报告(二)

——内部控制审计情况分析

2013年1～4月,47家证券事务所共为上市公司出具内部控制审计报告964份(其中,沪市主板626家、深市主板301家、深市中小企业板33家、深市创业板4家),较2012年的229份增加了735份,上市公司出具内部控制审计报告的比例从9.7%增至38.67%,上市公司内控审计报告的数量及比例均大幅上升。在上述964家出具内控审计报告的上市公司中,有943家的财务报表审计机构和内部控制审计机构为同一家事务所,占97.82%,这充分体现了现行内控审计规范所强调的整合审计要求。

一、内部控制审计报告意见类型

上述964份内控审计报告中,标准内控审计报告

940份,带强调事项段的无保留意见内控审计报告21份,否定意见的内控审计报告3份。非标内控审计报告比例为2.49%。相对于2011年度,2012年度非标内控审计报告数量增加19份,非标报告比例上升0.31%。具体如表6-1所示。

表6-1　2011—2012年度上市公司内部控制审计报告意见类型

年度	项目	标准审计报告	非标准审计报告				总计
			无保留意见+强调事项段	无法表示意见	否定意见	小计	
2012	数量(份)	940	21	0	3	24	964
	比例	97.51%	2.18%	0	0.31%	2.49%	100%
2011	数量(份)	224	4	0	1	5	229
	比例	97.82%	1.75%	0	0.44%	2.18%	100%

二、非标内部控制审计报告分析

(一)非标内控审计报告的公司板块分布

2012年度,被出具内控非标报告的上市公司主要集中在主板,与财务报表审计非标报告的板块集中趋势一致。其中,沪市主板上市公司被出具非标报告的比例为2.88%,较2011年度增加2.12%;深市主板上市公司被出具非标报告的比例为1.99%,较2011年度下降2.06%。具体如表6-2所示。

表6-2 2012年度各板块上市公司内部控制审计报告意见类型

内部控制审计意见类型	沪市主板	深市主板	中小板	创业板	合计
(标准)无保留意见(份)	608	295	33	4	940
带强调事项段的无保留意见(份)	16	5	0	0	21
否定意见(份)	2	1	0	0	3
无法表示意见(份)	0	0	0	0	0
非标准审计意见小计(份)	18	6	0	0	24
总计(份)	626	301	33	4	964
非标准审计意见比例	2.88%	1.99%	0.00%	0.00%	2.49%

(二)非标内控审计报告的公司行业分布

随着内部控制审计实施范围的扩大,内控审计非标意见报告涉及的行业已从2011年度的2个扩大到2012年度的10个。制造业占全部非标意见报告的比例连续2年均在50%以上。农、林、牧、渔业非标意见报告比例仅次于制造业，为12.50%。农、林、牧、渔业的交易对象主要为自然人，大量使用现金结算且通常无外部交易票据，导致交易的真实性难以证实；生物资产的自然增值属性和特定生长环境使其计价与盘点存在困难。上述情况及特点导致近年来该行业上市公司财务舞弊事件频发，该类上市公司的相关内部控制建设和外部独立审计显得尤为重要。具体如表6-3所示。

表6-3　内部控制审计非标意见报告的公司行业分布

行　业	年度内控审计非标意见报告公司家数(家)	
	2012年度	2011年度
制造业	12	3
农、林、牧、渔业	3	0
建筑业	2	0
交通运输、仓储业	2	0
采掘业	1	0
传播与文化产业	1	0
电力、煤气及水的生产和供应业	1	0
批发和零售贸易	1	0

（续表）

行业	年度内控审计非标意见报告公司家数（家）	
	2012 年度	2011 年度
综合类	1	0
房地产业	0	2
金融、保险业	0	0
信息技术业	0	0
社会服务业	0	0
合计	24	5

（三）非标内控审计报告披露的主要非标事项

综观 2012 年度内部控制审计报告非标意见事项，部分内部控制审计报告并未按照内部控制审计指引及实施意见的要求，清晰披露非标事项的性质及对内部控制的重大影响，部分非标意见的恰当性值得商榷。

1. 带强调事项段的无保留意见内控审计报告披露的非标事项

在全部 21 份带强调事项段的无保留意见内控审计报告中，有 11 份为内部控制缺陷问题；3 份为审计范围问题(其中 1 家同时有内部控制缺陷问题);7 份为其他事项,包括对上市公司存在的货船沉没保险理赔正在办理、汽车召回、地上建筑物和土地使用权产权不同属、子公司歇业或停业整顿和资质被撤销、持续经营能力存在重大不确定性等。具体情况详见表 6-4。

表 6-4　带强调事项段的无保留意见内控审计报告披露的非标事项

内控审计报告披露的非标事项	非标事项数量
采购业务:部分职责权限划分不清晰、不相容职务未有效分离、越权审批,重要供应商涉嫌违法	2
销售业务:收入确认未严格按照会计准则标准	1
资金活动:不相容职责未能有效分离、资金由集团集中管理	2
资产管理:未能合理预计资产减值损失	1
工程项目:工程项目管理制度不全、缺乏监督管理	2
信息披露:信息披露及时性和完整性方面存在缺陷	1
担保业务:为关联方提供授信额度担保金额远超过净资产	1
关联方交易:没有建立统一的关联方交易定价、合同签订审核标准、定期的关联方对账制度未有效执行	1

（续表）

内控审计报告披露的非标事项	非标事项数量
预算考核：未建立预算执行考核制度、预算考核执行力度不够	2
内审部门：未设专职内审人员、内部审计人员不足影响对内部控制制度的执行情况进行监督和检查	4
其他：未建立与新市场开拓风险相关的内部控制、未独立于控股股东、对子公司缺乏管控、内控实施记录不完整	5
合计①	22

2. 否定意见内控审计报告披露的非标事项

（1）贵糖股份。大宗原材料的成本核算基础薄弱，部分暂估入账的大宗原材料缺少原始凭证，在成本核算方面的内控运行失效，并导致未审财务报表和前期比较数据出现重大会计差错。

（2）北大荒。公司管理层逾越管理权限审批使用资金，子公司借出巨额资金逾期未能按期收回、违规拆出资金。资产减值测试、定期核对往来款项、依法取得

① 数量为22，而不是21，原因为在审计报告中强调的非标事项不止1个。

涉税凭证和准确计缴税金等方面内部控制制度未能得到有效执行。

（3）天津磁卡。公司间按月对账制度未能得到有效执行，导致往来账户长期、经常出现差异而未被发现，在结账环节，未合理确定本期应计提的坏账准备。未建立投资业务的会计系统控制，未能及时、准确地确认投资收益及合理计提减值准备。在编制财务报告前，未组织固定资产盘点，存货盘点结果未及时进行财务处理。缺乏有效的销售业务会计系统控制，存在未发货而提前确认销售收入未确认成本，已发货满足收入确认条件而未确认收入成本的现象。未建立期末财务报告流程复核监督控制制度。

3. 非标内控审计报告披露的非财务报告内部控制缺陷事项

2012 年度，ST 长油、北大荒、吉林森工、长春经开、中材国际、ST 南化 6 家上市公司的内部控制审计报告披露了非财务报告内部控制重大缺陷。其中：* ST 长油为带强调事项段的内部控制审计报告，北大荒为否定意见的内部控制审计报告，其余 4 家公司为标准无保留意见的内部控制审计报告。具体如表 6-5 所示。

表 6-5　非标内控审计报告披露的非财务报告内部控制重大缺陷

序号	代码	上市公司	非财务报告内部控制重大缺陷
1	600087	*ST 长油	新加坡子公司经营部门对供应商信息的管理不健全，公司未能建立对供应商信息的共享机制。
2	600598	北大荒	公司治理结构不健全，信息披露存在缺陷，遗漏或不及时。
3	600189	吉林森工	子公司小额贷款公司，对控制单一客户贷款余额制度的执行存在缺陷。
4	600215	长春经开	内部控制体系尚待进一步完善，主要表现在公司未来发展战略、预算管理体系、员工的绩效考核机制及工程项目合同管理方面
5	600970	中材国际	子公司东方贸易公司对部分交易对手的诚信缺失程度估计不足，导致在票据传递过程中个别交易对手伪造签章等资料，少量票据未能传递给票据收款人；对第三方保管的存货未能进行全面监控，导致部分货权出现纠纷，相关交易无法按预期完成。

（续表）

序号	代码	上市公司	非财务报告内部控制重大缺陷
6	600301	* ST 南华	"三重一大"决策制度中部分重大事项的范围、权限和决策程序未作明确规定。

三、非标内控审计报告与对应的公司财务报表审计报告

2012年度，在全部21家被出具带强调事项段的无保留意见内控审计报告的上市公司中，有16家公司的财务报表审计意见为标准无保留意见，5家公司为非标准意见（其中3家公司为带强调事项段的无保留意见，2家公司为保留意见）。

2012年度，在全部3家被出具否定意见内控审计报告的上市公司中，有1家公司的财务报表审计意见为标准无保留意见、1家为带强调事项段的无保留意见、1家为保留意见加强调事项段。在上述2家财务报表被出具非标报告的公司中，1家公司的财务报表审计报告的保留事项为审计范围受到限制，与内部控制重大缺陷存在关联，另1家财务报表审计报告的强调事项为持续经营能力存在重大不确定性，与内部控制重大缺陷并

无直接关联。具体如表 6-6 所示。

表 6-6　2012 年度非标内部控制审计报告与对应的公司财务报表审计报告

年度	内部控制审计		财务报表审计	
	意见类型	数量	意见类型	数量
2012	带强调事项段的无保留意见	21	标准无保留意见	16
			带强调事项段的无保留意见	3
			保留意见	2
	否定意见	3	标准无保留意见	1
			带强调事项段的无保留意见	1
			保留意见＋强调事项段	1

（执笔：罗梅、齐飞）

分报告七　2013年上市公司审计情况分析报告(三)

——年报审计市场情况分析

2013年1～4月，47家证券事务所承接和开展了2493家上市公司的2012年度财务报表审计业务和964家上市公司的2012年度内部控制审计业务，较2012年分别增长5.55%、222.41%。上市公司年报审计市场规模进一步扩大。

一、上市公司年报审计业务分布

（一）上市公司财务报表审计业务继续向少数大型证券事务所集中

承接上市公司2012年度财务报表审计业务数量最多的10家事务所共为1592家上市公司出具了审计报告，占上市公司总数的63.86%。而2006—2011年度，该数字分别为495家、590家、668家、893家、1109家和

1305 家，占上市公司总数的比例分别为 34%、37.58%、41.13%、50.34%、52.09%和 55.25%。上市公司年报审计业务最多的 10 家事务所的客户数量和比重一直在加速上升，远远高于行业平均水平(2012 年度平均每家证券事务所上市公司财务报表审计业务量为 53 家)。上市公司财务报表年报审计业务日益向少数大型证券事务所集中。

承接上市公司 2012 年度财务报表审计业务数量最多的 10 家事务所均为“国际四大”中国成员所之外的其他证券事务所(以下简称其他证券所)。“国际四大”中国成员所的上市公司财务报表审计客户数量合计为 155 家，占 6.22%。在首次披露 2012 年度财务报告的 132 家上市公司中，选择“国际四大”中国成员所的为 6 家，占 4.55%。2011 年度，在首次披露年度财务报告的 233 家上市公司中，选择“国际四大”中国成员所的有 7 家，占 3.00%。2010 年度，在首次披露年度财务报告的 357 家上市公司中，选择“国际四大”中国成员所的有 8 家，占 2.24%。2009 年度，在首次披露年度财务报告的 158 家上市公司中，选择“国际四大”中国成员所的有 6 家，占 3.8%。

2008年度,在首次披露年度财务报告的56家上市公司中,选择“国际四大”中国成员所的有5家,占8.93%。

值得注意的是,虽然审计业务最多的前10家其他证券所在上市公司数量上占绝对优势,占比63.86%,但其审计的上市公司资产占比10.67%,收入占比28.73%,利润总额占比17.14%,出具的非标意见报告占比61.80%;而“国际四大”中国成员所上市公司数量仅占6.22%,但其审计的上市公司资产占比86.11%,收入占比60.88%,利润总额占比75.49%,出具的非标意见报告占比3.37%。具体如表7-1所示。

表7-1　2012年度财务报表审计客户数量及规模

会计师事务所	(标准)无保留意见报告数量	非标意见报告数量	合计	上市公司资产金额(亿元)	上市公司收入金额(亿元)	上市公司利润总额(亿元)
立信	337	9	346	25420.04	15363.57	1249.36
天健	252	7	259	11691.79	7294.91	570.65
中瑞岳华	192	5	197	22070.46	11108.45	559.63
大华	153	6	159	11162.69	8695.75	597.36
信永中和	144	6	150	13446.60	7745.96	444.37

（续表）

会计师事务所	（标准）无保留意见报告数量	非标意见报告数量	合计	上市公司资产金额（亿元）	上市公司收入金额（亿元）	上市公司利润总额（亿元）
国富浩华	132	6	138	6946.31	4760.50	239.88
致同	111	4	115	23292.26	6520.52	511.68
大信	81	8	89	4576.02	2905.37	134.01
天职国际	70	3	73	5377.52	3120.25	200.33
华普天健	65	1	66	3359.31	3023.70	120.74
小计	1537	55	1592	127343.00	70538.98	4628.01
占比	63.94%	61.80%	63.86%	10.67%	28.73%	17.14%
普华永道中天	55	1	56	391100.33	58687.00	8046.99
安永华明	44		44	252384.38	26049.58	4270.28
德勤华永	34	2	36	235024.46	23134.45	4200.40
毕马威华振	19		19	149259.43	41589.70	3863.87
小计	152	3	155	1027768.60	149460.73	20381.54
占比	6.32%	3.37%	6.22%	86.11%	60.88%	75.49%
合计	2404	89	2493	1193542.00	245503.40	27000.00

（二）上市公司内控审计业务集中程度与财务报表审计业务集中程度趋于一致

一方面，承接上市公司 2012 年度内部控制审计业务最多的 10 家事务所出具的内部控制审计报告，以及承接上市公司2012年度财务报表审计业务最多的10家事务所出具的财务报表审计报告占报告总数的比例分别为63.49%和63.86%，两者集中程度趋于一致。这表明，随着执行企业内部控制规范体系的上市公司数量不断扩大，整合审计在实务中得到进一步贯彻执行。另一方面，2012年度，承接内部控制审计业务最多的10家事务所出具的报告数量比2011年度下降了3.76个百分点，说明有更多的事务所参与内部控制审计市场，这有利于培养更多的内控审计专业人才，同时也有利于提升注册会计师行业整体的内控审计专业服务水平。具体如表7-2所示。

表7-2　2011—2012年度审计业务最多的前10家事务所市场占有情况

年度	审计业务	审计业务最多的前10家事务所审计市场数量	审计市场总数	比例
2012	财务报表审计	1592	2493	63.86%
	内部控制审计	612	964	63.49%
2011	财务报表审计	1305	2362	55.25%
	内部控制审计	154	229	67.25%

（三）“国际四大”中国成员所和其他证券所审计客户的行业差异较大

其他证券所审计客户主要集中在制造业、信息技术业、批发零售贸易和房地产业。2012 年度与 2011 年度相比，增长幅度较大的审计客户所处行业为信息技术业和社会服务业。“国际四大”中国成员所审计客户主要集中在制造业和金融、保险业，2012 年度，“国际四大”中国成员所在金融、保险业客户拥有量为 54.76%，在农、林、牧、渔业，传播与文化等行业没有审计客户，2012 年度与 2011 年度的审计客户行业分布没有明显变化。具体如表 7-3 所示。

表 7-3　2011—2012 年度证券事务所的客户行业分布对比

行　　业	2012 年度		2011 年度	
	其他证券所	“国际四大”中国成员所	其他证券所	“国际四大”中国成员所
制造业	1430	65	1344	63
信息技术业	197	3	180	3
批发和零售贸易	127	6	124	5
房地产业	114	11	114	11

（续表）

行　　业	2012年度		2011年度	
	其他证券所	“国际四大”中国成员所	其他证券所	“国际四大”中国成员所
社会服务业	74	5	68	4
电力、煤气及水的生产和供应业	68	7	67	7
交通运输、仓储业	63	16	59	17
采掘业	58	10	58	8
综合类	54	2	53	2
建筑业	50	7	47	7
农、林、牧、渔业	49	0	46	0
传播与文化产业	35	0	34	0
金融、保险业	19	23	18	23
合计	2338	155	2212	150

二、上市公司年报审计业务收费

在披露2012年年报的2493家上市公司中，共有2460家上市公司在年报中披露了年报审计费用信息，支付的年报审计费用总额约为336065.76万元，平均每家上市公司支付136.61万元。其中，支付给“国际四大”中国成员所165422.57万元，占49.22%，平均每家上市公司支付 1095.51 万元；支付给其他证券所 170643.19 万元，占 50.78%，平均每家上市公司支付 73.90 万元。

（一）上市公司财务报表审计平均收费降低

2012 年，上市公司财务报表审计平均收费 136.61 万元，较 2011 年的 145.21 万元下降 8.6 万元，降幅 5.92%，其中原因可从各板块审计收费水平加以分析。一是 2012 年各板块平均审计收费均高于 2011 年。比如，沪市主板 2012 年平均收费 243.14 万元，2011 年 239.94 万元，2 年均高于上市公司当年总体平均收费水平。二是中小板及创业板平均收费一直远低于上市公司总体平均收费。中小板 2012 年和 2011 年的平均收费分别为 65.98 万元、62.64 万元，创业板 2012 年和 2011 年的平均收费分别为 48.75 万元、47.84 万元，远低于同年的上市公司总体平均收费（分别为 136.61 万元和 145.21 万元）。但同时，与 2011 年度相比，披露审计收费的上市公司增加 392 家，其中的 328 家为中小板和创业板上市公司，占 83.67%，中小板及创业板平均收费远低于上市公司总体平均收费，致使上市公司数量增幅较大，但整体平均审计收费却不增反降。具体如表7-4所示。

表7-4　2011—2012年度各板块上市公司财务报表审计收费情况　　单位:万元

年度	财务报表审计收费					
	板块	沪市主板	深市主板	中小板	创业板	合计
2012	收费	229528.46	43952.19	45522.81	17062.30	336065.76
	数量(家)	944	476	690	350	2460
	平均收费	243.14	92.34	65.98	48.75	136.61
2011	收费	219783.78	39264.00	30382.20	10858.83	300288.81
	数量(家)	916	440	485	227	2068
	平均收费	239.94	89.24	62.64	47.84	145.21

(二)上市公司内部控制审计平均收费降低

2012年,上市公司内部控制审计平均收费54.89万元,较2011年的56.23万元下降1.34万元,降幅2.38%。同时,内部控制审计平均收费与财务报表审计平均收费的比例略有提高,2012年为40.18%,2011年为38.72%,这在一定程度上表明,内部控制审计正在逐渐被上市公司认可和重视。具体如表7-5所示。

表 7-5　2011—2012 年度各板块内部控制审计收费情况　　单位:万元

年度	内部控制审计收费					
	板块	沪市主板	深市主板	中小板	创业板	合计
2012	收费合计	28816.34	2913.30	160	0	31889.64
	数量	498	76	7	0	581
	平均收费	57.86	38.33	22.86	0	54.89
2011	收费合计	1676	620	168	10	2474
	数量	26	12	5	1	44
	平均收费	64.46	51.67	33.60	10.00	56.23

（三）连续披露审计费用的上市公司，其审计付费金额逐年增加，平均审计费用增长率变动趋势与同期国内 CPI、城镇居民人均可支配收入经济指标变动趋势基本一致

在已披露 2012 年报的上市公司中，有 1285 家上市公司在 2009—2012 年年报中连续披露了其年报审计费用。沪市主板(除 2009 年外)、深市主板和中小板的上市公司审计费用均曾呈上升趋势。

从2010—2012年统计数据看,连续审计披露的1285家上市公司平均审计费用增长率各年波动较大。2012年平均审计收费增长率较2011年下降3.88个百分点。近两年平均审计费用增长率高于CPI增长率,但低于城镇居民人均可支配收入增长率。2012年平均审计费用增长率低于GDP增长率。具体如表7-6、图7-1、图7-2所示。

表7-6　2009—2012年度连续披露审计费用的上市公司审计费用　　单位:万元

年度	上市板块	沪市主板	深市主板	中小板	创业板	合计
	上市公司数量	700	353	195	37	1285
2012	审计收费合计	102763	32541	13154	1684	150143
	平均收费	147	92	67	46	117
2011	审计收费合计	97216	29439	11865	1522	140042
	平均收费	139	83	61	41	109
2010	审计收费合计	88435	26171	10436	1491	126533
	平均收费	126	74	54	40	98
2009	审计收费合计	92500	24668	10066	2778	130013
	平均收费	132	70	52	75	101

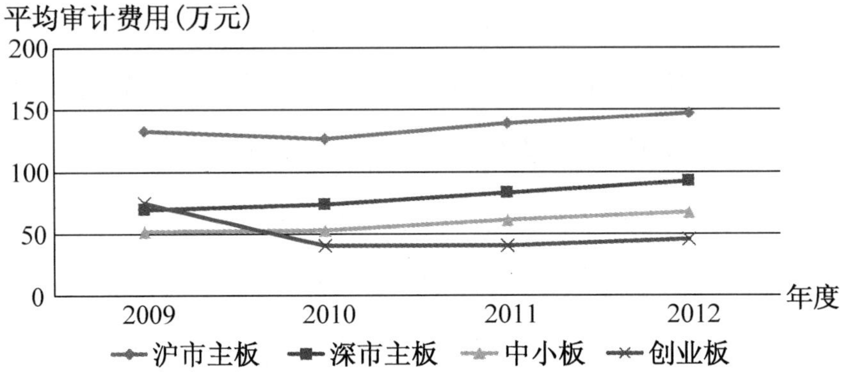

图 7-1　2009—2012 年度连续披露审计费用的上市公司平均审计费用变动

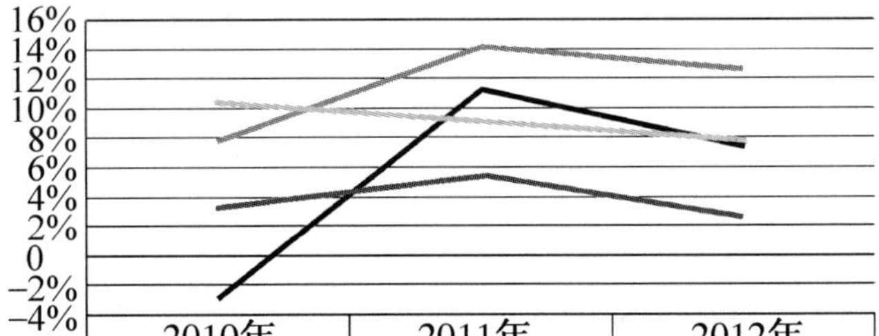

	2010年	2011年	2012年
平均审计收费增长率	-2.97%	11.22%	7.34%
CPI年同比增长率	3.30%	5.40%	2.60%
GDP年同比增长率	10.30%	9.20%	7.80%
城镇居民人均可支配收入同比增长率	7.80%	14.10%	12.60%

图 7-2　2010—2012 年度连续披露审计费用的上市公司平均审计费用与其他经济指标的变动趋势比较①

① 图中 CPI、GDP、城镇居民人均可支配收入，均来源于国家统计局官网公布的数据。

（四）上市公司客户最多的10家其他证券所财务报表审计平均收费提高，内部控制审计平均收费降低

一方面，从已披露数据看，2012年度，上市公司财务报表审计客户最多的10家其他证券所审计收费合计数已占全部其他证券所审计收费总额的72.41%，其平均收费为78.50万元，比全部其他证券所平均收费(73.90万元)高6.22%，比2011年平均收费(66.69万元)增长17.71%。这在一定程度上说明，在其他证券所中，规模较大的事务所在业务数量增加的同时，财务报表审计收费也随之上升，事务所规模效益有所体现。

另一方面，2012年度，上市公司内部控制审计客户最多的10家其他证券所审计收费合计数已占全部其他证券所审计收费总额的72.04%，其平均收费为38.14万元，比全部其他证券所平均收费(36.39万元)高4.82%，比2011年平均收费(43.63万元)下降12.57%。在其他证券所中，规模较大的事务所在业务量增加的同时，内部控制审计收费出现下降。具体如表7-7所示。

表 7-7　2011—2012 年度上市公司客户最多的 10 家其他证券所平均收费　　单位：万元

年度	2012		2011	
审计业务	财务报表审计	内部控制审计	财务报表审计	内部控制审计
前 10 家其他证券所平均收费	78.50	38.14	66.69	43.63
全部其他证券所平均收费	73.90	36.39	72.38	38.73
前 10 家其他证券所平均收费与全部其他证券所平均收费差异(%)	6.22	4.82	-7.86	12.64
前 10 家其他证券所收费占全部其他证券所总收费比例(%)	72.41	72.04	62.49	69.31

（五）“国际四大”中国成员所审计收费总额仍然明显高于其他证券所

从已披露的年报审计费用信息来看，“国际四大”中国成员所审计收费总额仍然明显高于其他证券所。上市公司审计收入超过亿元的事务所中，前 3 名为“国际四大”中国成员所中的 3 家，且绝对数额明显高于其他证券所。具体如图 7-3 所示。这在一定程度上说明，

"国际四大"中国成员所的品牌效应仍然十分明显,在市场竞争中仍然处于优势。

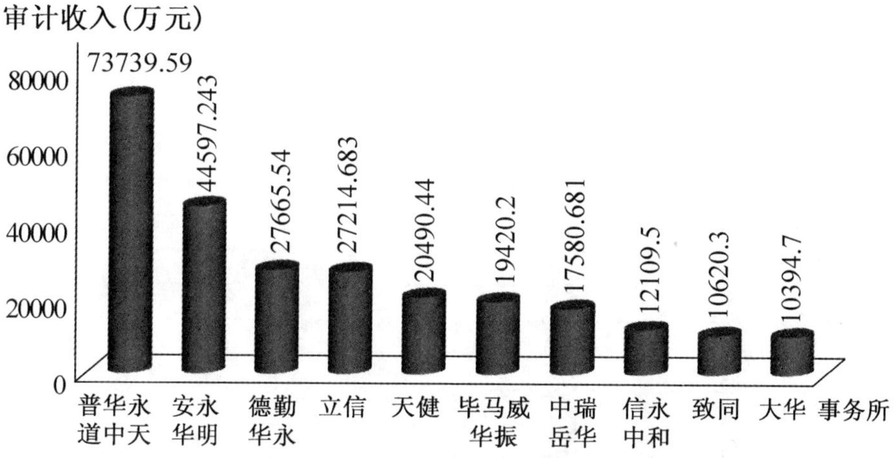

图 7-3 2012 年度审计收入超过亿元的事务所①

(六)"国际四大"中国成员所审计收费水平仍然明显高于其他证券所

在审计收费千万元以上的 37 家上市公司中,其他证券所承接的上市公司仅占 3 家,占总数的 8.11%,其余均为"国际四大"中国成员所客户。在不同审计收费

① 事务所审计收入数据仅来源于已公开披露的年报审计费用信息。

水平的上市公司中，其他证券所和“国际四大”中国成员所所占比例的对比更加明显。这说明，在客户结构方面，“国际四大”中国成员所与其他证券所仍存在较大差异。具体如图 7-4 所示。

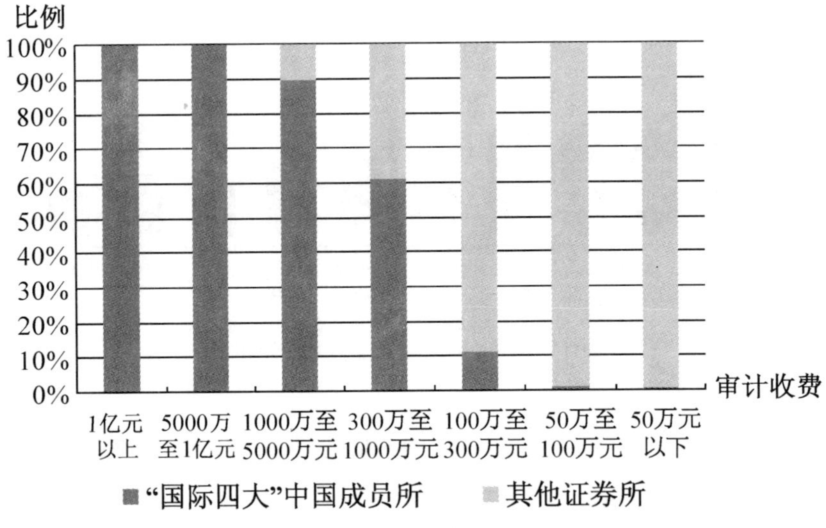

图 7-4 “国际四大”中国成员所与其他证券所客户审计收费比较

（执笔：罗梅、齐飞）

分报告八　2013 年注册会计师行业监管工作报告

国内外注册会计师行业发展经验证明，健全有效的监管体系，对推动行业诚信建设、促进行业执业质量提升、维护资本市场健康发展至关重要。中注协一直高度重视行业监管工作，始终将其作为行业诚信建设的总抓手、行业业务建设的总枢纽和行业发展质量的总检验，在创新监管工作理念、推进监管制度国际趋同、提升监管工作成效方面大胆探索，受到广泛好评。

在多年的行业监管工作实践中，为优化监管资源，提高监管效能，中注协和地方注协之间逐步形成了较为科学合理的监管职责分工。中注协负责证券事务所的执业质量监管，证券事务所每 3 年应当至少接受一次执业质量检查；各省级协会负责本行政区域内非证券事务所的执业质量监管，非证券事务所每 5 年应当至少接受一次执业质量检查。中注协对省级协会的监管工作进行监督、指导。

2013 年，世界经济复苏艰难，国内经济下行压力加大，不少上市公司和企业经营困难，年报审计风险明显上升。各级注协按照“一手抓发展，一手抓监管”的工作思路，狠抓执业质量检查、年报审计监管及行业不正当低价竞争综合治理，进一步落实执业质量检查制度改革精神，强化行业监管与服务，行业诚信建设和事务所整体执业质量迈上新台阶。

一、行业执业质量检查工作

行业发展关键靠信誉、靠诚信、靠质量。为不断提升行业执业质量检查工作水平，中注协持续推进会计师事务所执业质量检查制度改革，创新执业质量检查理念与方法。2004 年，中注协发布《会计师事务所执业质量检查制度（试行）》，对会计师事务所实行 5 年一个周期的系统性全面检查。为加强证券事务所监督检查工作，促进资本市场健康发展，从 2007 年起，证券事务所检查周期调整为 3 年，并由中注协直接组织实施。2011 年，中注协进一步改革执业质量检查制度，修订、完善相关制度办法，在巩固完善周期性、系统性检查的同时，引入风险导向检查理念，将执业质量检查提升到系统风险检查的新阶段，我国会计师事务所执业质量检查制度与国际普遍认可的监管制度走向全面趋同，受到国际会计师联合会的充分肯定。2011年1月，欧盟委员会通过决议，认可我国审计监管体系与欧盟实现等效。

2013年是行业“诚信文化建设年”。为进一步落实会计师事务所执业质量检查制度改革要求，把行业监管工作进一步推向深入，各级注协立足执业质量检查工作目标，继续坚持“五个并重”原则（质量控制体系检查与业务项目检查并重、技术程序检查与职业道德检查并重、完善检查技术与建立检查质量保证体系并重、检查制度改革与检查专家队伍建设并重、落实审计责任与落实注协监管责任并重），认真总结以往行业监管工作经验，狠抓检查工作关键步骤，夯实检查过程薄弱环节，努力突出检查工作重点，切实提高检查工作质量，推动系统风险检查成熟、定型，行业执业质量检查各项工作取得新的成果。2013 年,中注协共检查 8 家证券事务所总所及 21 家分所,4 名注册会计师受到行业惩戒;地方注协共检查非证券事务所 1486 家,139 家事务所和 299 名注册会计师受到行业惩戒。

(一)强化检查队伍建设,保障检查质量

“工欲善其事,必先利其器”。检查人员的能力和水平直接决定检查工作的成效,检查人员队伍建设是行业检查工作的基础性环节。长期以来,各级注协始终将检查队伍建设放在行业监管工作的突出位置。打造一支业务精、水平高、道德好、人员稳的检查队伍,不断适应行业发展和检查制度改革需要,一直是各级注协不懈奋斗的目标。尤其是随着系统风险检查工作的深入实施和风险导向检查理念的深入贯彻,执业质量检查对检查人员的要求越来越高,检查队伍建设面临新的任务。

2013 年,中注协采取有效措施,将检查队伍建设提高到新的水平。一是优化检查人员结构。加大事务所合伙人在检查人员中的比例,以及参加过以往年度执业质量检查的人员比例。二是加大地方协会检查人员培

养力度。选拔更多的地方协会秘书长担任检查组长和副组长，鼓励地方协会推荐人员担任检查骨干。三是注重专职检查人员培养。除个别人员外，中注协监管部门人员全部进入检查组，担任组长、副组长或联络员，深度参与检查计划起草、重大问题研讨及检查报告撰写，为成长成熟积累宝贵的经验。四是提升检查培训实效。检查人员对检查理念的理解和对检查方法的掌握，直接关系检查工作的成效。2013 年，中注协健全系统风险检查人员培训机制，积极探索增强培训实效的新路子，先后在上海和厦门国家会计学院组织两次培训，努力使培训工作成为提升检查工作质量的重要环节和有力抓手。立足检查工作存在的缺陷与不足，设计培训内容和研讨主题，立足检查工作发现的实际问题强化案例教学，注重交流互动，强化检查人员对风险导向审计原理和系统风险检查理念的准确理解，以及对系统风险检查方法的实际运用，检查人员整体素质得到明显提升。五是提前做好各项准备工作。提前收集、整理被检查事务所相关资料数据，为检查组谋划检查工作提供参考；要求各检查组在现场检查开始前多次召开讨论会，分析被检查事务所的业务特点和基本情况，明晰检查工作重点，合理确定检查人员分工，提高检查计划的针对性和实效性。

2013 年，中注协共投入证券事务所检查人员 103 名。其中，地方注协分管监管工作的秘书长 12 人，事务所合伙人及以上级别人员 15 人，参加过以往年度检查的人员 35 人。检查队伍整体素质明显提升，为检查工作的有效开展奠定了坚实基础。

与此同时，在中注协的指导与帮助下，地方注协也在 2013 年进一步推动和强化了检查人员队伍建设。加大兼职检查人员库建设力度，注重检查人才库的梳理和更新；增加事务所合伙人和业务骨干比例；加强检查组长和业务骨干的培养；重视监管方面的培训学习，部分注协在中注协常规监管培训基础上，对检查人员和自身监管部门人员实施培训“加餐”，培训工作成效明显增强。

2011—2013 年地方注协检查人员和检查事务所数量对比结果显示，地方注协的执业质量检查人员数量在逐年上升，客观反映出地方注协的监管队伍建设不断推进，监管力量不断增强。从各省派出检查人员的实际数量看，2013 年，浙江省注协检查人员数量最多，达到 63 人；北京、江苏、河南、湖北、广东、云南等省（市）注协的检查人员投入也较大，均超过 40 人。具体如图 8-1 所示。

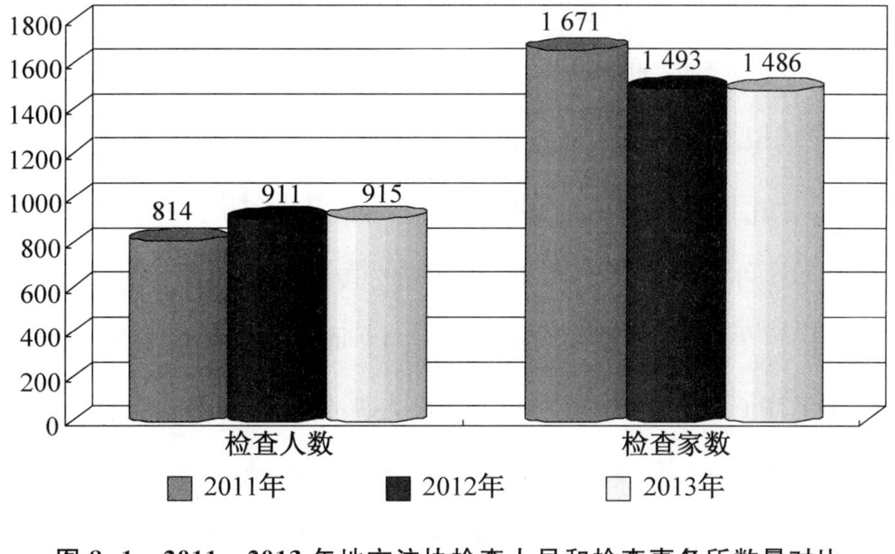

图 8-1　2011—2013 年地方注协检查人员和检查事务所数量对比

（二）明确检查标准和相关要求，突出检查重点

检查手册是检查工作的指南。实践证明，高质量的检查工作需要高质量的检查手册作为基础和保障。

2013年，中注协认真总结前2年系统风险检查工作的经验与不足，对执业质量检查手册进一步加以修订。一是优化检查内容，清晰界定质量控制体系检查、业务项目检查、财务检查和不正当低价竞争检查之间的关系，进一步解决检查要素之间存在的内容重复问题；二是完善检查程序，重点增加“外部专家技术把关”环节；三是充实检查标准，增加财务检查和内部控制审计检查方面的内容与要求。

与此同时，在检查工作开始前，中注协发布《关于开展2013年会计师事务所执业质量检查工作的通知》和《关于开展2013年证券资格会计师事务所执业质量检查工作的通知》，对2013年行业执业质量检查工作作出全面部署，对各级注协贯彻风险导向检查理念提出明确要求，同时进一步突出和强调了检查工作重点。在质量控制体系检查方面，将合伙人机制、总分所一体化管理和业务执行等3个质控要素作为重点检查内容；在业务项目检查方面，除继续关注被媒体曝光、处在盈亏边缘、频繁变更审计机构、业绩大幅波动等上市公司年报审计项目质量外，境外审计业务、地方政府性债务审计业务、内部控制审计业务质量以及不正当低价竞争等也是 2013 年证券事务所检查需要重点关注的内容。

（三）打造以质量为导向的工作机制，做好现场检查

2013 年，中注协共组织 8 个检查组、103 名检查人员，对 8 家证券事务所总所及 21 家分所进行检查。其间，共抽查审计报告 105 份（其中，上市公司审计报告 53 份，IPO 审计报告 10 份，非上市公司审计报告 42 份），形成了 65.3 万字的检查报告。2011—2013 年证券所检查工作概况如表 8-1 所示。

表 8-1　2011—2013 年证券事务所检查工作概况

年度	检查安排与投入		现场检查			惩戒情况	
	检查组（个）	检查人员（名）	检查事务所（家）	抽查报告（份）	检查报告（万字）	事务所（家）	注册会计师（人）
2011	5	90	总所 10 分所 21	123	67.5	1	10
2012	6	99	总所 8 分所 24	109	57	1	8
2013	8	103	总所 8 分所 21	105	65.3	—	4

2013 年,各地方注协共抽调检查人员 915 名,检查非证券事务所 1486 家,抽查业务底稿 20869 份。其中:财务报表审计业务底稿 13318 份,验资业务底稿 6695 份,其他专项审计业务底稿 856 份。

检查质量是检查工作的灵魂,现场检查工作质量是检查结果后续论证和后期处理的前提与基础。2013 年,各级注协从风险导向检查理念的本质要求出发,突出检查重点,注重检查实效,认真打造以质量为导向的工作机制,全面推进系统风险检查成熟、定型,现场检查工作质量有了新的提升。

在证券事务所执业质量现场检查方面,中注协着力强化检查过程质量控制,解决影响检查工作质量的薄弱环节,努力提升检查报告的层次与深度。

一是创新专家工作方式,着力强化证券事务所现场检查的精细化、动态化过程控制,进一步发挥行业专家的作用与优势。聘用事务所合伙人担任访问研究员,让其深入检查现场一线,全面了解并及时解决检查组在检查过程中遇到的疑难问题,并就检查组反馈的共性问题深入讨论，编写检查问题解答；成立专家督导组，通过电话会议、现场指导等方式，及时了解、掌握检查工作进展，提示检查工作重点，督促检查工作进度，协调、指导现场检查事宜，为检查组现场检查提供强有力的技术支持，有效地确保了检查工作质量。

二是进一步严格廉政检查纪律，维护行业检查工作形象。在总结2012年检查工作廉政建设经验的基础上，对《会计师事务所执业质量检查工作廉政规定》加以修订，将检查工作廉政“九不准”升级为“十不准”。进驻检查现场后，各检查组将中注协廉政规定“十不准”及时告知事务所及其全体员工，接受事务所全体人员监督，进一步确保了检查工作的独立性、权威性和公正性，树立了中注协执业质量检查的良好形象。

三是进一步体现系统风险检查的理念与特点，充分尊重检查组在抽查分所及项目确定等重大检查事项上的发言权，全面发挥检查组的主体作用。检查组可根据风险评估结果，自行确定证券事务所分所检查比例及名单。

四是将低收费项目作为检查重点，将行业不正当低价竞争综合治理融入执业质量检查工作，着力解决影响事务所执业质量的深层次问题。除此之外，中注协还注重制度建设，在发布《关于坚决打击和治理注册会计师行业不正当低价竞争行为的通知》的基础上，制定《关于综合治理行业不正当低价竞争的工作方案》，探索建立长效机制；在上市公司年报审计期间，以"上市公司年报审计收费降低的风险防范"为主题约谈相关事务所；号召证券事务所向全行业发出抵制行业不正当低价竞争的倡议；专门走访国资委有关部门，就规范中央企业审计服务招投标和审计服务收费等问题进行沟通协调，取得初步效果。

在非证券事务所执业质量现场检查方面，各地方注协充分考虑中小事务所的实际情况，大胆创新、探索，取得新的进步。一是根据中注协检查手册的相关内容与要求，灵活实施质量控制体系检查。确定不同质控要素的检查重点，指导检查组选择性地采取查阅相关制度，访谈事务所不同层次人员，实施穿行测试，抽查工作底稿，查找事务所可能存在的重大风险领域；考虑样本的充分性和代表性，确保抽查报告数量足以评价事务所的整体执业质量和各合伙人的执业质量，使风险导向检查的理念与方法真正落到实处。二是因地制宜，进一步推进检查方式、方法创新。部分被检查事务所较多的省份，采取事务所自查与协会重点检查相结合的方式，事务所自查形成自查报告上交协会，检查人员在协会集中审查、分析事务所自查报告，找出事务所在制度设计或实际执行中可能存在的风险点，并根据分析判断，确定被访谈人员、访谈提纲及检查计划，既提高了检查工作效率，又确保按时、按质、按量完成检查工作任务，取得良好效果。

（四）完善检查结果论证机制，严格违规惩戒

提升会计师事务所整体执业质量，维护公众利益和树立行业形象，不仅要严格现场检查，更要严格检查结果论证和违规处理工作。2013 年，中注协进一步健全检查结果论证机制，严格论证工作程序，完善论证工作要求，论证工作再上新台阶。一是论证会召开前，对参

与论证的专家进行培训，重点讲解系统风险检查的理念与方法、以前年度证券事务所检查发现的主要问题，以及论证需要关注的主要事项。二是总结 2012 年检查结果论证工作经验，专门起草了《2013 年证券所执业质量检查结果专家论证会工作方案》，对论证工作进行合理分工，对论证关键环节加以改进、创新。比如，在论证程序安排上，增设“个人研读论证”环节，要求论证专家在每日论证工作开始前提前阅读检查报告，避免遗漏重大问题，并对报告质量进行初步评价。又如，为使评价结果更为客观、公正，对论证会参与各方职责进一步加以明确；论证会期间组织专家进行阶段性总结，认真复核检查工作底稿。

根据检查发现的问题及专家论证结果，依据《中国注册会计师协会会员执业违规行为惩戒办法》，经惩戒委员会、申诉与维权委员会审议决定，中注协对存在严重问题的 2 个审计项目的 4 名签字注册会计师实施了行业惩戒，并发布《中国注册会计师协会会计师事务所执业质量检查通告》（第八号），披露 2013 年证券事务所检查总体情况、检查内容、检查结果及最终惩戒信息。

与此同时，各地方注协依据检查结果及论证情况，对存在严重问题的139家事务所和299名注册会计师实施了行业惩戒。其中，给予25家事务所和61名注册会计师公开谴责；给予36家事务所和93名注册会计师通报批评；给予98家事务所和145名注册会计师训诫。2011—2013年地方注协检查及惩戒事务所的情况(详见表8-2)显示，事务所惩戒的绝对数量和相对比例都在不断上升，这一情况表明，地方注协在严格检查的基础上，惩戒力度不断加大，教育震慑作用不断增强。

表8-2　2011—2013年地方注协检查及惩戒事务所情况

年度	检查事务所数量(家)	惩戒事务所数量(家)	惩戒比例
2011	1671	87	5.21%
2012	1493	121	8.10%
2013	1486	139	9.31%

2013年证券事务所执业质量检查论证处理的结果显示：总体而言，被检查事务所的内部治理机制进一步

完善，风险防范意识逐渐增强，质量控制水平有所提升。与以往年度相比，业务项目检查发现的问题有所减少。但质量控制体系检查发现，部分事务所存在“特殊普通合伙”转制过程中未建立健全合伙人机制，质量控制制度未充分执行，总分所一体化进程缓慢等问题。审计业务项目检查发现，个别注册会计师在执行审计业务时，对关键审计领域审计程序实施不到位，获取的审计证据不够充分、适当。

2013 年非证券事务所执业质量检查论证处理的结果表明，多数事务所能够较好地执行执业准则，防范系统风险意识进一步增强，执业质量逐步提高。同时，抵制不正当低价竞争理念更加深入人心，治理工作成效得到进一步巩固。但检查也发现，部分中小事务所的内部管理较为薄弱，质量控制体系存在较大缺陷，造成执业中存在执行审计准则不到位，风险导向审计流于形式，未履行必要的审计程序，审计证据获取不充分，审计报告披露不规范的问题；个别事务所甚至存在出具虚假审计、验资报告等严重问题，执业质量有待进一步提高。

此外，少数事务所还存在恶性竞争、审计收费偏低、未按规定进行业务报备等问题。

（五）巩固扩大检查工作成果，强化教育帮扶

“帮助、教育、督促、提高”是行业检查工作的目标。如果说现场检查是对事务所进行的一次免费全面“体检”，教育帮扶就是帮助事务所指出“病根”，疏通“经络”，使其明确今后“强身健体”的方向。2013年，各级注协在搞好检查队伍建设和提升检查工作质量的同时，进一步强化行业后续教育帮扶，切实巩固和扩大检查工作成果，受到广泛好评。

一是现场检查阶段，寓帮扶于检查之中。检查组深入了解被检查事务所发展过程中遇到的突出问题，与事务所进行充分的沟通、交流，积极引导其将工作重心转移到完善内部治理机制和健全质量控制体系上来，更好地实现行业执业质量检查的目标。

二是检查处理工作结束后，实施专门帮扶。通过当面约谈、实施复查和回访、下发整改（改进）建议书等方式，督促和提醒事务所自觉理顺体制机制，对总分所一体化、合伙人机制等方面存在的影响事务所健康发展的深层次问题切实加以研究、解决，切实扩大和延伸执业质量检查的效力与效果。截至目前，事务所对系统风险检查的态度已经实现从有所抵触到积极认同，从有所疑虑到虚心接受的根本性转变。一些事务所还专门写信，对协会的教育帮扶工作表示感谢。

2013 年的行业执业质量检查情况表明，通过实施系统风险检查和持续改进教育帮扶工作，尽管一些事务所在发展过程中还存在不少问题，亟待研究解决，但整体而言，我国事务所的质量控制意识和风险防范意识明显增强，内部质量控制环境明显改善，服务国家建设能力明显提升，整体执业水平稳步提高。行业执业质量检查的作用得到有效发挥，事务所做强做大战略取得新的进步。

二、上市公司年报审计监管

我国资本市场改革发展的历程表明，资本市场的规范运作和健康发展需要注册会计师提供高水平的专业服务和高质量的审计报告。上市公司是事务所的重要客户，上市公司年报审计工作不仅关系到社会公众切身利益，关系到注册会计师行业持续健康发展，更关系到整个资本市场的繁荣稳定。做好上市公司年报审计工作，可以对整个注册会计师行业的执业质量起到很好的引领和示范作用。

长期以来，中注协坚持以行业诚信建设为主线，高度重视上市公司年报审计监管，将其作为落实行业诚信建设的重要切入点和突破口，不断创新年报审计监管理念，拓展年报审计监管内涵，丰富年报审计监管手段，完善年报审计监管制度，深入推进上市公司年报审计的事前提醒、事中监督和事后分析，取得良好成效。特别是2011 年中注协制发《上市公司年报审计监管工作规程》，实施上市公司年报审计监管约谈，创新上市公司年报审计情况快报以来，上市公司年报审计监管工作的作用进一步显现，知名度和影响力显著增强，受到行业内外一致好评。

2013 年，中注协在前两年监管工作经验总结的基础上，继续坚持全程监控理念、风险导向理念和诚信执业理念，进一步强化上市公司年报审计监管，密切关注上市公司 2012 年年报审计中的“炒鱿鱼、接下家”行为和不正当低价竞争情况，深入分析上市公司公开信息和事务所报备资料，密切跟踪新闻媒体报道和社会公众举报，加大约谈力度，丰富年报审计情况快报内容，切实改进事前事中监管，督促证券事务所切实提高年报审计工作质量。

（一）在上市公司年报披露开始前提示风险、部署工作

分析上市公司 2012 年年报审计工作面临的形势，发布《中国注册会计师协会关于做好上市公司 2012 年年报审计工作的通知》（以下简称《年报审计通知》），召开上市公司 2012 年年报审计工作会议，对 2013 年度行业监管工作作出全面部署。

《年报审计通知》针对 2011 年和 2012 年执业质量检查发现的问题，突出强调强化质量控制体系建设的重大意义。要求事务所按照质量控制准则的要求，建立并不断完善适合自身特点的质量控制体系，制定并实施科学、严谨的质量控制政策和程序，进一步提升系统风险防范水平，提高事务所整体执业质量。在2012年年报审计中，事务所要重视质量控制环境、职业道德、总分所一体化管理、客户关系和具体业务的接受与保持、业务执行、监控等环节的质量控制，确保审计工作质量。

《年报审计通知》立足以往执业质量检查发现的问题和年报审计面临的宏观经济形势、资本市场以及相关法律、法规的变化，要求注册会计师特别关注收入的确认与计量、关联方关系及其交易、资产减值、会计政策和会计估计变更、非经常性损益、持续经营、审计报告等重大审计风险领域，实施恰当的审计程序，获取充分、适当的审计证据。同时，准确理解和全面把握《企业内部控制审计指引》和《企业内部控制审计指引实施意见》精神，严格按照要求认真做好内部控制审计。

（二）上市公司年报披露期间开展约谈、编发快报

中注协积极推动审计监管工作重心前移，强化年报审计事前事中监管，深入落实管理与服务并重、指导与惩戒并重的监管理念，约谈工作呈现不少亮点。

一是约谈工作力度大。在上市公司 2012 年年报披露期间，中注协针对上市公司年报审计 9 类风险，先后开展 9 批次约谈（详见表 8-3），其中当面约谈 7 次，书面约谈 2 次，涉及证券事务所 11 家、上市公司 15 家。

表 8-3　2013 年上市公司年报审计监管约谈主题一览

约谈次序	约谈主题
第 1 次	媒体广泛关注的创业板上市公司年报审计风险防范
第 2 次	变更审计机构的上市公司年报审计风险防范
第 3 次	媒体关注的业绩大幅波动的上市公司年报审计风险防范
第 4 次	业绩下滑的新上市公司年报审计风险防范
第 5 次	面临退市风险的上市公司年报审计风险防范
第 6 次	上市公司内部控制审计风险防范
第 7 次	上市公司年报审计收费降低的风险防范
第 8 次	持续经营审计风险防范
第 9 次	资产重组审计风险防范

二是强化约谈工作专业性。加强年报审计监管专家咨询组力量，将咨询组成员由 2012 年的 6 名增加到

11名。指定专人负责年报审计监管约谈，监控咨询专家风险提示意见质量，增强约谈工作的风险识别、提示和防范作用。

三是突出约谈主题针对性。约谈主题既有针对创业板上市公司、部分上市公司业绩大幅波动等资本市场关注热点，也有针对“炒鱿鱼、接下家”、治理不正当低价竞争等行业监管重点工作，还有内部控制审计、事务所合并过程中的质量控制衔接等行业发展中出现的新情况和新问题。

四是注重约谈对象代表性。接受约谈的事务所既有行业排名位居前列、具有H股企业审计资格的大型证券事务所，也有中型证券事务所，还有以往执业质量检查发现问题较多的证券事务所，约谈对象很有代表性。

五是扩大约谈成果影响力。约谈不是针对某家事务所，而是提醒广大事务所和注册会计师举一反三，认真防范审计风险。每次约谈结束后，中注协均在协会网站上开展“以点带面”式的新闻宣传，扩大了影响和警示效果。

持续不断的年报审计监管约谈，得到事务所的积极回应和拥护赞成，接受约谈的事务所普遍认为，中注协密切联系行业实际，紧扣资本市场发展脉搏，持续开展约谈活动，不断推进上市公司年报审计监管方式方法创新，难能可贵。中注协的年报审计监管约谈，主题选得好、问题抓得准、意见提得实，对全面做好年报审计工作，有效防范和降低年报审计风险很有帮助。接受约谈后，事务所认真吸收约谈意见，落实约谈精神，努力防控年报审计风险，确保年报审计质量，取得良好效果。在约谈涉及的 15 家上市公司中，有 5 家被出具了非标报告，占 33.33%，远高于 2012 年度全部上市公司 3.57% 的非标报告比例。

持续不断的年报审计监管约谈，引起社会各界的高度关注和积极反响。新闻媒体持续刊发相关报道，对中注协强化上市公司年报审计事前事中监管，注重事前事中约谈提醒，为事务所和注册会计师诚信执业撑腰打气的做法予以充分肯定和高度评价，彰显了行业高度负责的良好形象。

在有效开展年报审计监管约谈工作的同时，中注协还在年报披露期间安排专人，逐日跟踪上市公司年报披露情况以及上市公司审计机构变更情况，重点关注审计收费和执业准则遵循情况，每周编发《上市公司年报审计情况快报》，先后编发14期，提请事务所诚信独立、谨慎执业、严控风险、确保质量。

为增强快报的信息量和可读性，方便公众监督，中注协进一步丰富上市公司2012年年报审计情况快报内容，增加了社会公众和资本市场广泛关注的相关信息。一是增加上年度收费情况，便于比较和监控不正当低价竞争；二是关注事务所遵循新审计准则情况，对未按新审计报告模板出具审计报告的事务所在快报中予以点名；三是对上市公司变更年报审计机构的内容加以细化，增加了变更原因及事务所报备情况统计。

（三）在上市公司年报披露结束后开展分析

在上市公司2012年年报披露结束后，结合年报审计快报和事务所业务报备资料，梳理归纳上市公司

2012 年年报审计监管中发现的问题，撰写上市公司年报审计情况分析报告。

同时，为巩固、扩大年报审计工作成效，中注协高度重视年报审计监管与执业质量检查的有机结合，注意将年报审计监管成果用于执业质量检查工作，提高现场检查的针对性和实效性，取得良好效果。比如，将上市公司年报审计期间接受约谈的部分事务所尤其是未认真落实约谈精神及要求的事务所优先列入检查对象，将约谈涉及的上市公司年报审计项目及年报审计监管期间关注到的可能存在“炒鱿鱼、接下家”问题的项目作为抽查项目。加大对言行不一、项目质量控制和重要审计程序明显不到位的事务所及注册会计师的惩戒力度，推进行业诚信建设迈上新台阶。

不断强化的上市公司年报审计监管，对推进注册会计师诚信执业起到十分重要的作用，注册会计师年报审计的纠错效果明显，有效提升了上市公司财务信息质量。2001—2012 年度，注册会计师通过提请上市公司调整审计过程中发现的财务报表差错，已累计调整利润

5070 亿元、应交税费 1158 亿元、资产总额 30996 亿元。其中，2012 年度（2010 年新发布审计准则实施的首个年度）上述三项调整金额合计 4502 亿元，仅次于 2007 年度（2006 年新发布会计审计准则实施的首个年度）的 5023 亿元。通过调整报表差错，注册会计师有效地过滤了资本市场中的不实信息，提高了上市公司财务信息的可靠性，提升了资本市场的整体信息质量。同时，也为国家追缴应交税金做出了积极贡献。

（执笔：罗梅、齐飞）

分报告九 2013 年注册会计师行业业务收入分析报告[①]

2013 年，注册会计师行业规模持续扩大。事务所做强做大成果显著，行业集中度进一步提高；事务所国际化发展成绩喜人，新业务拓展稳步提升，收入结构持续优化；行业人才培养和信息化建设资金投入力度不断加大，事务所的主体作用日益明显。

一、行业收入总体情况

2013 年，行业业务收入再创新高，达到 563.21 亿元，同比增收 53.56 亿元（见图 9－1），同比增长

① 本分报告中所提及的会计师事务所和注册会计师数量，来源于行业管理信息系统 2013 年度期间数据，即 2013 年 1 月 1 日至 12 月 31 日期间存续的从事各项业务并取得收入、按规定应当填报财务报表和披露财务信息的所有会计师事务所。本数据与分报告一和分报告二所涉及师所数量（为行业管理信息系统 2013 年 12 月 31 日的时点数据）略有差异，仅供行业业务收入分析之用。

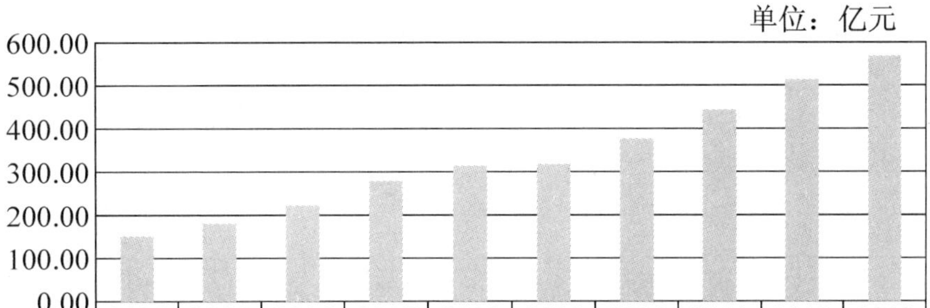

	2004年	2005年	2006年	2007年	2008年	2009年	2010年	2011年	2012年	2013年
行业业务收入	154.52	183.11	221.16	276.34	310.73	316.71	375.00	440.10	509.65	563.21

图 9-1　2004—2013 年行业收入增长趋势图

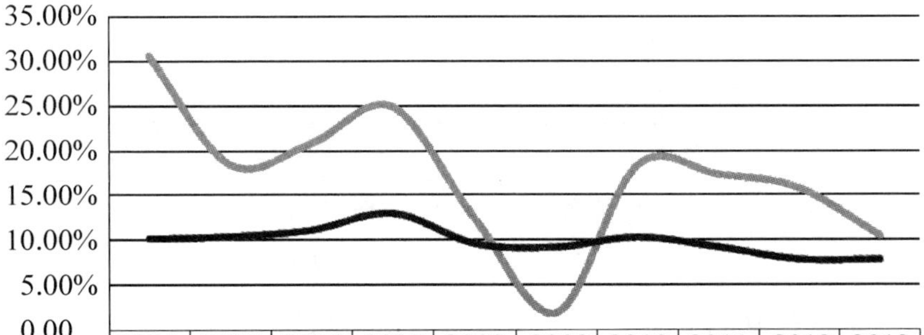

	2004年	2005年	2006年	2007年	2008年	2009年	2010年	2011年	2012年	2013年
收入增幅	30.66%	18.50%	20.83%	24.95%	12.44%	1.92%	18.40%	17.36%	15.80%	10.51%
GDP增幅	10.10%	10.40%	11.10%	13.00%	9.60%	9.20%	10.30%	9.20%	7.80%	7.80%

图 9-2　2004—2013 年行业收入与 GDP 增长趋势对照图

10.51%，继续保持年均两位数的增长速度。全行业为504万家客户提供专业服务，同比增长29.90%；实现税收贡献52.39亿元。全国8376家会计师事务所（含分所983家），年均创收673万元，同比增长9.43%。注册会计师95687人，年均创造价值59万元，同比增长11.32%（见图9-2、表9-1）。

表 9-1　2013 年行业主要指标和客户分类一览表

	数量	同比增长
行业总收入及增长率	563.21 亿元	10.51%
事务所数	8376 家	
所均创收及增长率	673 万元/年	9.43%
执业注册会计师数	95687 人	
人均创造价值及增长率	59 万元/年	11.32%
财务报表及内控审计业务	181 万家	7.81%
验资业务	157 万家	8.31%
资产评估业务	4 万家	10.25%
涉税鉴证业务	5 万家	3.34%
工程预决算审核业务	14 万家	−33.49%
其他业务服务	143 万家	213.34%
合计	504 万家	29.87%

就区域分布情况来看，2013年，除辽宁外，其余30个省区市均呈增长态势，其中21个省区市的增幅超过全国平均水平（10.51%），甘肃增长最快，接近60%，四川超过30%，湖北、云南、陕西、湖南、河北、福建、贵州、内蒙古和西藏超过20%，江苏、重庆、河南、安徽、山西、广西、新疆、海南、青海和宁夏则超过11%。

值得关注的是，江苏、湖北、重庆、云南、陕西、湖南、广西和青海8个地区的鉴证与非鉴证业务创造的收入基本各占一半，反映出当地业务结构相对均衡（见表9-2）。

表9-2　2013年各地业务收入明细表

单位：亿元

协会	排名			业务收入				
	2012年	2013年	变动情况	2012年	2013年	占总收入比重	增长率	收入结构
北京	1	1	—	109.32	116.59	20.70%	6.65%	76∶24
上海	2	2	—	79.22	86.91	15.43%	9.71%	84∶16
广东	3	3	—	57.82	59.77	10.61%	3.38%	88∶12
浙江	4	4	—	38.20	41.48	7.36%	8.59%	66∶34
江苏	5	5	—	35.44	39.67	7.04%	13.11%	52∶48

（续表）

协会	排名			业务收入				
	2012 年	2013 年	变动情况	2012 年	2013 年	占总收入比重	增长率	收入结构
山东	6	6	—	19.36	21.36	3.79%	10.33%	69:31
四川	8	7	↑	14.88	18.97	3.37%	33.03%	67:33
湖北	7	8	↓	14.26	16.04	2.85%	28.96%	55:45
重庆	10	9	↑	13.79	13.78	2.45%	19.00%	55:45
云南	11	10	↑	11.58	13.63	2.42%	22.03%	57:43
辽宁	9	11	↓	11.17	13.06	2.32%	−5.30%	69:31
河南	12	12	—	10.51	11.88	2.11%	13.04%	69:31
陕西	14	13	↑	9.88	11.17	1.98%	20.24%	50:50
湖南	15	14	↑	9.29	10.68	1.90%	23.90%	56:44
天津	13	15	↓	8.62	10.40	1.84%	5.27%	60:40
安徽	16	16	—	8.14	9.07	1.61%	11.43%	62:38
山西	17	17	—	7.85	8.84	1.57%	12.61%	64:36
河北	18	18	—	7.11	8.72	1.55%	22.65%	79:21
福建	19	19	—	6.79	8.60	1.52%	26.66%	87:13
广西	20	20	—	6.63	7.93	1.41%	19.61%	56:44

（续表）

协会	排名			业务收入				
	2012年	2013年	变动情况	2012年	2013年	占总收入比重	增长率	收入结构
吉林	21	21	—	5.44	5.85	1.04%	7.54%	74:26
江西	22	22	—	4.25	4.49	0.80%	5.65%	74:26
贵州	25	23	↑	3.75	4.33	0.77%	25.01%	61:39
新疆	23	24	↓	3.51	4.25	0.75%	13.34%	62:38
黑龙江	24	25	↓	3.47	3.81	0.68%	8.55%	72:28
内蒙古	26	26	—	2.79	3.36	0.60%	20.43%	78:22
甘肃	27	27	—	1.97	3.15	0.56%	59.90%	80:20
海南	28	28	—	1.85	2.16	0.38%	16.76%	82:18
青海	29	29	—	1.39	1.62	0.29%	16.55%	59:41
宁夏	30	30	—	1.16	1.38	0.25%	18.97%	63:37
西藏	31	31	—	0.21	0.26	0.05%	23.81%	96:04
合计				440.10	563.21	100%	10.51%	72:28

经汇总分析，各地业务收入高速增长的主要原因有：①调整和实施了新的事务所服务收费标准、实行事务所分类分级评价办法、业务报告防伪标识管理办法和

投标方式承接业务备案等一系列重要制度；②深化行业不正当低价竞争的治理力度，通过采取约谈、谈话提醒、行业通报、暂停出具诚信证明、提交行业惩戒委员会等措施，完善对低价竞争行为的监督管理制度；③制定事务所综合评价办法、高端会计人才培养计划实施方案等促进执业机构进一步发展的鼓励政策；④引导和积极开发教育卫生系统审计、破产管理人审计、社团审计、政府绩效考核审计、造价审计、管理咨询类服务、财政购买服务等新业务领域；⑤着力推动行业信息化建设，推广审计软件的使用；⑥通过信息化手段，加大对事务所严格执行服务收费标准的监督和检查等；⑦通过报纸、网络等媒体向社会广泛宣传行业，扩大社会影响，提升社会形象。

华东、华北地区虽然继续保持绝对的领先优势，但其收入总量（359.49 亿元）占行业总收入的比重则同比下降了 0.6％；西南、西北地区 10 个省区市的增速十分喜人，增幅均达到全国平均水平的两倍以上；而东北三省则总体表现为负增长，其中辽宁成为自 2010 年以来，行业首个收入负增长的地区（见图 9-3、表 9-3）。

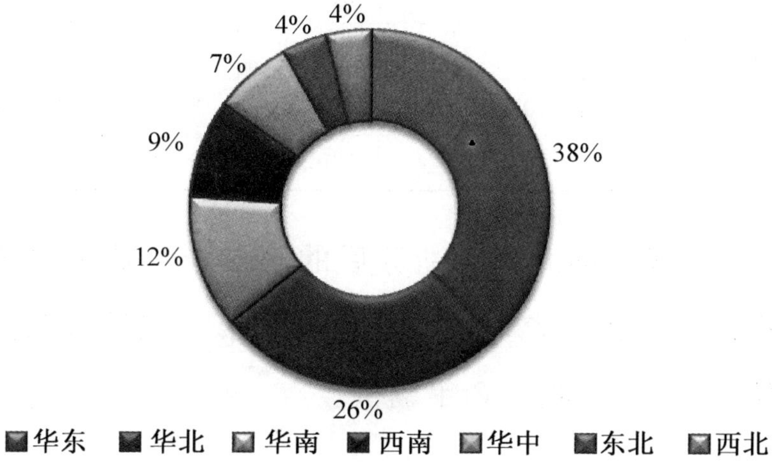

图 9-3　2013 年行业业务收入地区分布图

表 9-3　2013 年行业业务收入地区增长对比表

单位：亿元

地　　区	2012 年	2013 年	增长率
华东（沪、浙、苏、鲁、皖、闽、赣）	191.40	211.58	10.54%
华北（京、津、冀、晋、蒙）	136.95	147.91	8.00%
华南（粤、桂、海）	66.03	69.86	5.80%
西南（云、贵、川、渝、藏）	40.69	50.97	25.26%
华中（湘、鄂、豫）	34.01	38.60	13.50%

（续表）

地　　区	2012 年	2013 年	增长率
东北（辽、吉、黑）	22.74	22.72	－0.09％
西北（陕、甘、宁、新、青）	17.56	21.57	22.84％
合计	509.65	563.21	10.51％

山东成为继北上广浙苏后的第六个行业总量突破 20 亿元的业务大省；云南取代辽宁，第一次进入全国前 10 位；甘肃实现收入 3 年翻番。

二、行业税负总体情况

从掌握的情况看，2013 年全行业缴纳营业税虽然减少了 69.17％，但含增值税在内的其他税款却增加了 278％。尤其是北上广浙苏鲁等经济发达地区，受“营改增”政策影响，年收入 500 万元以上事务所可用于抵扣的进项税额（办公用品、水费、电费、油费、部分固定资产）基本不足。另外，由于增值税是价外税，不计算在业务收入内，而原来的营业税则是价内税，应统计在业务收入当中。因此，多种因素导致年收入 500 万元以上事务所的税负由5%增加至6%，对其收入增长产生了一定影响（见表9-4、表9-5、表9-6）。

表9-4　2013年事务所各项税款缴纳一览表

单位：万元

项　目	2012年缴税	2013年		
		缴税	增幅	备注
增值税[1]＋其他税[2]	53513.83	194198.05[1] 8081.15[2]	278%	2012年其他税中含增值税，2013年分别填报，故合并比较
个人所得税	160670.29	162236.96	0.98%	
企业所得税	78691.51	65204.74	−17.14%	
营业税	200319.02	61764.67	−69.17%	受"营改增"政策影响
城市建设维护税	16997.50	17777.53	4.59%	
教育费附加	10592.61	8500.47	−19.75%	
地方教育费附加	—	4347.65	—	2013年报表新增项目
房地产税	3487.17	1169.52	−66.46%	
印花税	319.64	274.17	−14.23%	
车船税	206.73	185.05	−10.49%	
土地税	105.35	158.67	50.61%	
合计	524903.66	523898.63	−0.19%	税负略轻

表 9-5　年收入 500 万元以上事务所缴税情况表

单位:万元

项　目	2012 年缴税	2013 年		
		缴税	增幅	备注
事务所(家)	1147	1228	7%	
业务收入	4178893.87	4638720.98	11%	
增值税[1]＋其他税[2]	50994.11	176321.51[1] 7159.85[2]	260%	2012 年其他税中含增值税,2013 年分别填报,故合并比较
个人所得税	154058.83	155324.82	1%	
企业所得税	73380.25	59749.87	-19%	
营业税	157204.99	42881.34	-73%	受"营改增"政策影响
城市建设维护税	13928.94	15255.05	10%	
教育费附加	8678.85	7219.94	-17%	
地方教育费附加	0.00	3710.15	—	2013 年报表新增项目
房地产税	3158.27	832.36	-74%	
印花税	274.03	210.22	-23%	
车船税	152.72	124.80	-18%	
土地税	48.82	106.35	118%	
合计	461879.81	468896.26	2%	税负增加

表9-6　2013年北上广浙苏鲁地区事务所缴税情况表

地区	营业税(万元)			增值税+其他税(万元)		
	2012年	2013年	增幅	2012年	2013年	增幅
北京	41516.27	1130.25	−97.28%	12986.77	54227.59	317.56%
上海	8442.25	336.87	−96.01%	30997.87	43087.11	39.00%
广东	25785.38	271.62	−98.95%	2475.02	26464.48	969.26%
浙江	17668.80	1398.89	−92.08%	1520.02	18964.50	1147.65%
江苏	14534.86	1182.08	−91.87%	2451.57	17025.95	594.49%
山东	9528.43	6884.62	−27.75%	158.45	4104.32	2490.29%

三、行业收入的主要特点

（一）收入结构持续优化

注册会计师行业在社会经济活动中发挥着审计鉴证和专业服务的作用。传统鉴证业务和其他非鉴证业务占总收入的比重，在一定程度上体现了行业业务结构的均衡性和发展的可持续性。

2013年，行业鉴证类与非鉴证类业务收入占总收入的比重由上年的73∶27进一步优化为72∶28。其中，非鉴证类业务已成为行业业务收入增长的关键因素，其增幅明显优于总收入（14.11%>10.51%）和鉴证类业务收入（14.11%>9.18%），除涉税收入首次出现负增长外，工程、咨询、评估、会计服务、培训和其他业务收入的增长均超过10%（见图9-4、表9-7）。

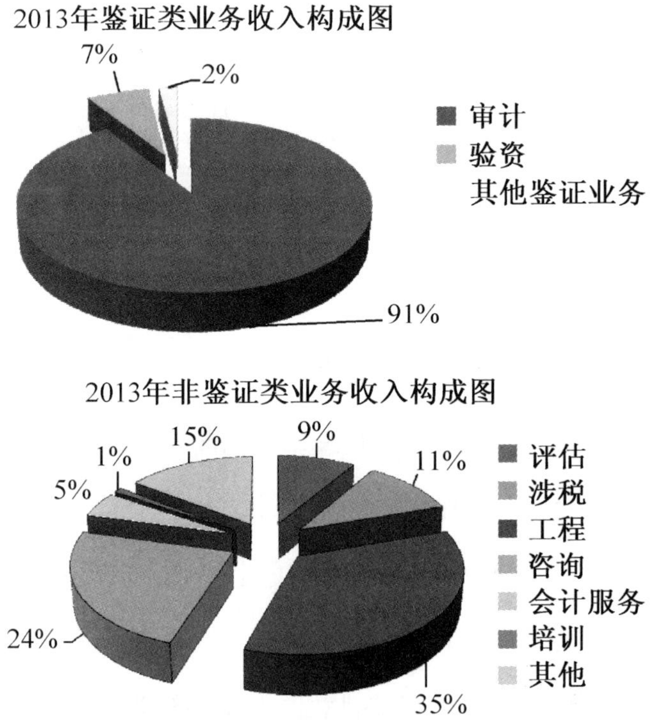

图 9-4　2013 年行业业务收入构成一览

表 9-7　2013 年行业业务收入构成一览

单位：亿元

项　目	金额	比重	同比增长
鉴证类业务收入	403.67	71.67%	9.15%
审计收入	368.63	65.45%	9.21%
验资收入	27.38	4.86%	4.66%
其他鉴证业务收入	7.66	1.36%	24.55%
非鉴证类业务收入	159.54	28.33%	14.11%
工程收入	55.81	9.91%	14.49%
咨询收入	38.83	6.89%	15.43%
涉税收入	17.68	3.14%	−2.16%
评估收入	14.81	2.63%	10.03%
会计服务收入	8.02	1.42%	26.90%
培训收入	0.65	0.12%	51.16%
其他收入	23.74	4.22%	24.03%
总 收 入	563.21	100.00%	10.51%

2013 年，我国收入排名前 25 位的大型事务所的平均增幅接近 11%，略高于行业平均水平(10.51%)，经与《国际会计公报》发布的信息对比，是排名前 25 位国际会计公司收入平均增幅的 3.5 倍。但非鉴证类业务

比重过低是制约行业持续高速发展的瓶颈问题。

《国际会计公报》披露的信息显示，国际大型会计公司的鉴证类与非鉴证类业务总体上是平分秋色。近年来，为应对经济危机，各国际会计公司都加大了对新产品服务的开发，积极拓展新的业务领域，挖掘已有业务的潜在商机，以税务服务和管理咨询为代表的非鉴证类业务已成为助推收入增长的主要动力。而我国则过于依赖传统审计鉴证业务。2013 年，审计收入占鉴证类业务收入的 91.32%，占行业总收入的 65.45%，虽然前者同比下降了 0.78 个百分点，后者同比下降了 1.49 个百分点，表现出一定程度优化的积极迹象，但还是反映出提供的专业服务种类不足等突出问题（见表 9-8）。

表 9-8　我国大型所与国际网络（联盟）收入构成比较

单位：亿美元

类　别	收入	增幅	鉴证:非鉴证
国际网络前 25 家	1503.45	3%	51:49
国际联盟前 25 家	211.28	3%	50:50
国内大所前 25 家	46.8	10.93%	67:33

（二）行业集中度连续提高

2013 年，北京、上海、广东、浙江、江苏、山东、四川和湖北等经济相对发达地区收入总量达到 400.79 亿元，同比增长 8.76%，占行业总收入的七成以上。业务收入前百家事务所从 2006 年的 118.95 亿元增长至 2013 年的 347.56 亿元（见图 9-5、表 9-9），翻了近 3 倍，其收入总量已占到行业总收入的六成以上（61.54%）。40 家证券事务所，2013 年创造的业务收入

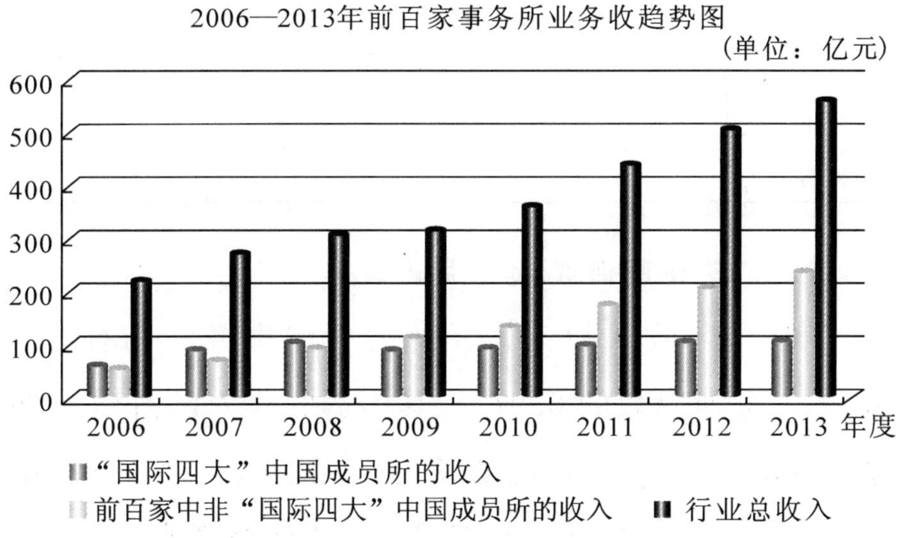

图 9-5　2006—2013 年前百家事务所收入趋势图

合计 307.71 亿元，所均创收 7.69 亿元，其增幅优于行业平均水平（11.31%>10.51%），占行业总收入的比重为 54.64%，占前百家事务所收入的比重为 88.79%。这些数据表明，行业优势资源进一步集中到经济发达地区和大型事务所，总部经济的特点愈加突出。同时，转制后证券事务所的优势更加明显，市场竞争力更强。

表 9-9　2013 年证券事务所、前百家中的非证券事务所收入对照表

项目	证券事务所	前百家中的非证券事务所
收入（亿元）	307.71	38.85
占总收入比重	54.64%	6.90%
同比增长	11.31%	2.00%

（三）事务所做强做大成效显著

2013 年，收入超千万元的大中型事务所已有 515 家，占事务所总数的 6.97%，其创造的收入已占到行业总收入的 73.64%，同比增长 12.36%（见图 9-6）。其中，收入超过 20 亿元的事务所有 6 家（普华永道中天、德勤华永、瑞华、立信、安永华明和毕马威华振），比上年

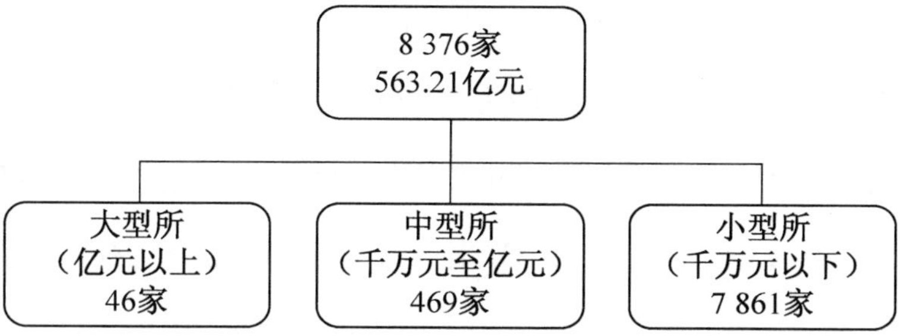

图 9-6　全国事务所规模结构

增加1家；收入超过10亿元，低于20亿元的事务所有5家（天健、大华、信永中和、大信和天职国际）；收入超过5亿元，低于10亿元的事务所有4家（致同、中审亚太、中汇和众环海华）；收入超过1亿元，低于5亿元的事务所有31家；收入超过5000万元，低于1亿元的事务所有32家；收入超过1000万元，低于5000万元的事务所有437家。

值得注意的是，收入过亿元的46家大型所对行业总收入的贡献率已达到56.17%，其中42家为增长态势。①从收入规模看，收入排在前5位的事务所中，有2家是非“国际四大”中国成员所且分列第3、第4位，其与“国际四大”中国成员所的差距进一步缩小。同时，德勤华永 2013 年业务收入还同比减少了 5.39%。这表明，非“国际四大”中国成员所的规模效应进一步提升。②从收入增速看，“国际四大”中国成员所的平均增幅仅为 2.82%，低于行业平均水平，市场占有率还连续第 6 年下滑，仅有 19.43%。与之相对应的，非“国际四大”中国成员所的收入增幅则是“国际四大”中国成员所的 4 倍多(13.14%∶2.82%)。这表明，非“国际四大”中国成员所市场竞争力进一步增强(见图 9-7)。

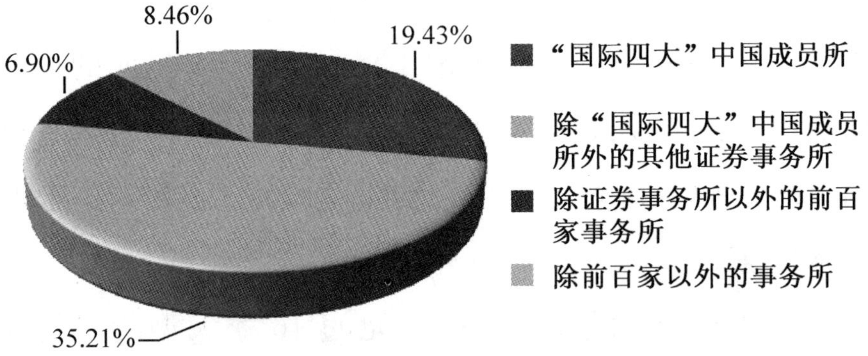

图 9-7 2013 年度行业业务收入市场份额分布图

从事务所个体表现看，收入过亿的 46 家本土大型所中，有 29 家的增幅在 10%以上，增幅最大的达到

69.95%(中兴财光华)。而在国际会计网络收入排名前25 位的国际会计公司中,只有 5 家的增幅在 10%以上,最高的达到 45%(UC&CS 美国);在国际会计联盟收入排名前 25 位的公司中,只有 6 家的增幅在 10%以上,最高的达到 351%(Abacus 全球)。这表明,与国际同行相比,我国大型事务所的发展势头强劲,前景乐观。

与此同时,2013 年涌现出越来越多可以跻身国际前列的大型事务所。通过与《国际会计公报》发布的收入信息比较,除"国际四大"中国成员所外,我国有 11 家大型事务所的收入超过了国际网络排名榜的第 20 位,比上年增加了 2 家;有 24 家大型事务所的收入超过国际网络排名榜的第 25 位。其中,瑞华高于国际网络第17 位的事务所 0.77 亿美元,高于国际联盟第 13 位的事务所 1.11 亿美元。另外,还有 11 家大型事务所超过了国际联盟排名榜的第 20 位,比上年增加了 6 家;有47 家大型事务所超过国际联盟排名榜的第 25 位。这表明,我国大型事务所的国际竞争力进一步增强,事务所品牌效应明显(见附表 9-1、附表 9-2)。

（四）国际业务持续增长

2012 年，中国成为仅次于美国和日本的世界第三大对外投资国，北美、欧洲与亚洲是中国对外投资的三大目的地。为此，越来越多的事务所通过提供海外上市投融资审计、企业集团境外分支机构延伸审计、跨国公司中国区的审计分包、管理咨询、税务服务、会计外包、中外准则转换、境外工程承包相关鉴证和咨询等专业服务，配合中国企业抓住机遇，积极拓展海外市场。2013 年，全行业创造国际业务收入 64.34 亿元，同比增收 27.04 亿元，增长 72.49%（见表 9-10）。这表明，行业国际化水平疾速提升。

表 9-10　2013 年行业国际业务收入一览表

单位：亿元

项　　目	收入	增幅
在大陆承接的业务	37.19	60.16%
在港澳台及境外承接的业务	7.62	133.03%
发展国际成员所及加入国际网络承接的业务	19.53	80.67%
合计	64.34	72.49%

据不完全统计，截至2013年12月31日，全国共有70家事务所在境外设立了分支机构、成员机构或联系机构。另外，据美国公众公司会计监督委员会(PCAOB)公开信息统计，截至2013年年底，包括“国际四大”中国成员所在内，有43家事务所在PCAOB登记注册。

（五）新业务拓展稳步推进

2013年，事务所克服验资和小企业年检业务取消等工商登记改革带来的不利影响，积极拓展新业务种类和服务范围，大力推进多元化经营。在服务种类方面，开发推广一大批适应我国当前政府简政放权、管理创新的服务，拓展一大批适应企业发展新需求的服务，积极开展一大批人民群众迫切需要的服务。服务对象则从公司企业扩展至政府(部门)、事业单位、非营利组织、农村组织、社区、个人等。事务所在会计服务、税务服务、鉴证服务、专项审计、资信评级、证券期货业务、其他创新业务等领域，实现收入166.36亿元，占行业总收入的29.54%，同比增收22.30亿元，增长15.48%，超过行业平均增长水平近 5 个百分点(见表 9-11)。这表明,新业务拓展战略对优化行业业务收入结构、促进事务所业务领域延伸和深化具有积极意义。

表 9-11　2013 年相关业务收入对比表

单位:亿元

业务类型	收入	占总收入比重
专项审计	78.84	14.00%
内控审计	3.48	0.62%
涉税鉴证	5.80	1.03%
其他鉴证业务	7.66	1.36%
会计服务	8.02	1.42%
管理咨询	38.83	6.89%
其他主营业务收入	21.59	3.83%
其他业务收入	2.14	0.38%
合计	166.36	29.54%

附表 9-1

我国大型事务所与国际会计网络/国际会计联盟排名对照表

单位:亿美元

国际会计网络			中国大型事务所（不含“国际四大”中国成员所）			国际会计联盟		
排名	名称	收入	排名	名称	收入	排名	名称	收入
1			1			1		
2			2			2		
3			3	瑞华	4.55	3		
…			4	立信	4.12	…		
			…			13	金索尔国际	3.49
17	罗瑞贝德国际	3.83				…		
18	伊柯维斯国际	3.60				19	ANTEA	2.37
			7	天健	2.20			
			8	大华	2.03			
			9	信永中和	1.93			
			10	大信	1.81			
						20	康斯坦汀国际	1.76
			11	天职国际	1.74			
19	信永中和	1.61						
20	TGS 全球	1.58				21	帕克·兰德尔国际	1.34
			12	致同	1.31			
21	利安达国际	1.22						
22	IECnet	1.16						
			13	中审亚太	1.08			
			14	中汇	1.04			
23	Auren	1.00				22	UC&CS 全球	0.86
			15	众环海华	0.84			
			16	中审华寅五洲	0.79			
			17	北京兴华	0.69			
			18	天衡	0.68			
24	SMS 拉美事务所	0.68	19	利安达	0.68			
			…					
25	UC&CS 美国	0.46	24	华普天健	0.46			
			…					
			28	北京中天恒	0.35	23	加域联盟	0.35
			…					
						24	ACEE	0.24
			38	北京天圆全	0.22			
			…					
			48	重庆康华	0.15	25	Abcus 全球	0.15

注：相关收入以 2013 年 12 月 31 日美元兑人民币汇率（1:6.0969）换算。

附表 9-2

部分国际会计网络/国际会计联盟中国成员所与国际总所业务收入比较

单位:亿美元

	国际会计网络排名	总所		本土所			
		收入	增长率	事务所	收入	增长率	对总所贡献率
德勤	1	324.00	4%	德勤华永	4.73	-5.39%	1.46%
普华永道	2	320.88	2%	普华永道中天	5.50	3.87%	1.71%
安永	3	258.92	6%	安永华明	3.88	5.72%	1.50%
毕马威	4	234.20	2%	毕马威华振	3.85	9.88%	1.64%
BDO 国际	5	64.53	7%	立信	4.12	41.43%	6.38%
致同国际	6	45.19	8%	致同	1.31	8.01%	2.90%
RSM 国际	7	37.14	-7%	瑞华[1]	4.55	-0.86%	12.25%
天职国际	8	34.04	3%	天职国际	1.74	30.54%	5.11%
国富浩华国际	9	31.68	3%	瑞华	4.55	-0.86%	14.37%
尼克夏国际	10	29.18	3%	北京永拓	0.33	12.22%	1.13%
马施云国际	11	26.82	17%	北京兴华	0.69	22.58%	2.57%
鹏歌富达国际	12	25.23	-6%	大信	1.81	1.19%	7.17%
克瑞斯顿国际	13	19.45	-1%	中汇	1.04	19.85%	5.35%
				华普天健	0.46	3.35%	2.37%
浩信国际	14	16.79	7%	中审华寅五洲	0.79	-1.03%	4.71%
利安达国际	21	1.22	31%	利安达	0.68	37.21%	55.74%
合计		1469.27		合计	40.03		

(执笔:姚冬萍、邵楠)

分报告十　2013年注册会计师行业党建发展报告

2008年，习近平同志在全国组织工作会议上要求以律师、会计师行业为突破口，加强新社会组织基层党建工作。在中央组织部的指导支持下，2009年财政部党组批准成立中国注册会计师行业党委，全面推进注册会计师行业党的建设。行业党委依托财政系统领导优势和注协系统组织优势，紧抓学习实践活动和创先争优活动，2009—2012年先后以创体制、建机制、优制度、筑网络为主题，唱响注册会计师行业党建“四部曲”，全面加强行业党的建设，推进行业科学发展，取得了明显成效。

2013年，在财政部党组的领导下，在中央组织部、中央统战部等部门的指导下，在各级地方党委和政府、组织部门、统战部门等的支持下，认真学习宣传贯彻党的十八大和十八届二中、三中全会精神，以及习近平同志关于注册会计师行业要“紧紧抓住服务国家建设这个主题和诚信建设这条主线”的重要批示精神和系列重要讲话精神，全面推进行业党的建设，集中开展“诚信文化建设年”活动，行业党建工作取得新的成效。

一、2013 年事务所党组织的组织建设情况

1. 事务所党组织数量稳步增长，继续保持党的组织在行业的动态全覆盖。截至 2013 年 12 月 31 日，全国共有事务所党组织 3361 家，较 2012 年同期增加 110 家，同比增加 3.27%。其中，独立党组织增加 87 家，联合党支部增加 23 家。

2009 年 10 月全面加强行业党建工作以来，经过 2009 年 10 月至 2010 年 3 月的努力，实现了事务所党组织在行业全覆盖。此后 2011—2013 年事务所党组织保持了动态全覆盖，数量小幅变动，总体趋于增长，如图 10-1所示。

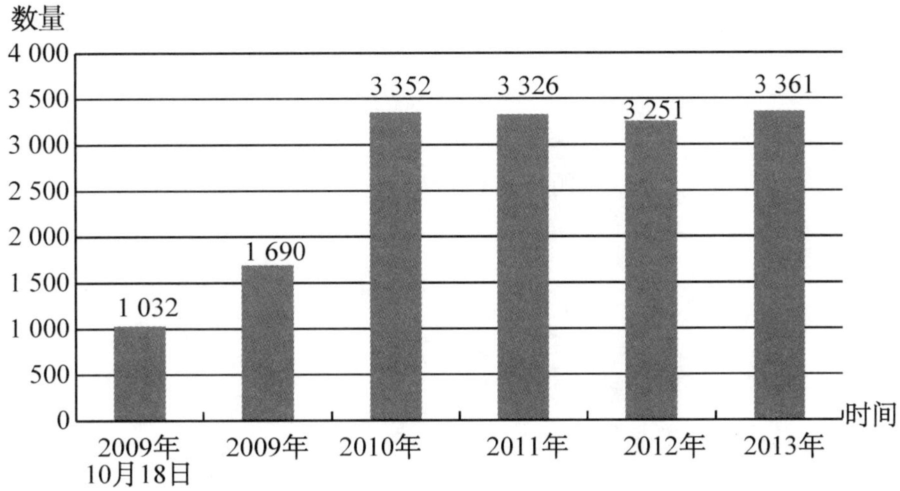

图 10-1 2009 年以来事务所党组织数量

2. 区域结构方面，事务所党组织主要集中在华东、中南地区，其中新增党组织主要集中在中南地区。截至 2013 年 12 月 31 日，华东地区事务所党组织占行业党组织总数的 33.77%，中南地区占 24.16%，两者合计占到全国事务所党组织总数的 57.93%，详见图 10-2。这与这两个地区经济发展水平较高、地区事务所数量集中密切相关。在全国范围，2013 年事务所党组织数量位居前 5 位的省份分别是山东（318 家）、江苏(285 家)、河南(234 家)、浙江(207 家)、湖北(189 家)(见图 10-2)。

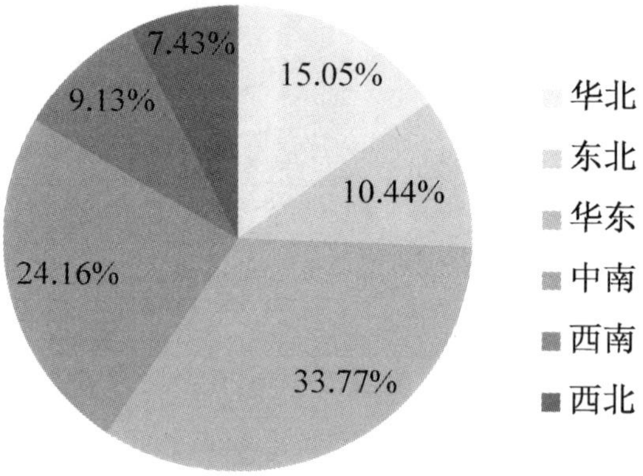

图 10-2 各区域事务所党组织数占全国事务所党组织数的比重

2013 年中南地区新增党组织占行业新增党组织总数的 65.63%。这与该地区新增事务所数量较多密切相关。在全国范围,2013 年新增事务所党组织数量前 5 位的省份分别是广东(25 家)、江苏(23 家)、湖北(14 家)、深圳(14 家)、新疆(12 家)。天津由于事务所合并和联合支部调整等原因,事务所党组织数减少 14 家。综合数据详见表 10-1。

表 10-1　2013 年度事务所党组织数、新增党组织数区域比重

序号	地区	省、自治区、直辖市	党组织数（家）	区域党组织数占全行业总数的比重	2013 年度新增党组织数（家）	区域新增党组织数占全行业总数的比重
1	华北	北京	123	15.05%	1	−4.17%
2		天津	46		−14	
3		河北	149		3	
4		山西	115		1	
5		内蒙古	73		5	
6	东北	辽宁	141	10.44%	1	5.20%
7		吉林	93		4	
8		黑龙江	117		0	
9	华东	上海	100	33.77%	0	15.63%
10		江苏	285		23	
11		浙江	207		0	
12		安徽	96		−13	
13		福建	66		0	
14		江西	63		−1	
15		山东	318		6	

（续表）

序号	地区	省、自治区、直辖市	党组织数（家）	区域党组织数占全行业总数的比重	2013 年度新增党组织数（家）	区域新增党组织数占全行业总数的比重
16	中南	河南	234	24.16%	1	65.63%
17		湖北	189		14	
18		湖南	91		6	
19		广东	186		25	
20		深圳	52		14	
21		广西	37		2	
22		海南	23		1	
23	西南	重庆	42	9.13%	1	7.29%
24		四川	185		3	
25		贵州	38		0	
26		云南	42		3	
27		西藏（未参与统计）	—		—	
28	西北	陕西	100	7.43%	−1	10.42%
29		甘肃	55		−2	
30		宁夏	25		0	
31		青海	18		1	
32		新疆	52		12	
		合计	3361	100%	96	

二、2013 年行业党员队伍建设情况

1. 行业党员数量稳步上升，但行业自身新发展党员数占行业新增党员数的比重不高。截至 2013 年 12 月 31 日，行业共有党员 37722 人，较 2012 年同期增加 2347 人，增长 6.63%。在新增加的党员中，行业自身新发展党员 778 人，仅占 2013 年行业新增党员数的 33%。行业新增加党员多数为事务所新入职的应届毕业学生党员。

自 2009 年全面加强行业党建工作以来，事务所党员按要求及时将党组织关系转接到行业，行业党员数量呈逐年稳步上升态势，如图 10-3 所示。

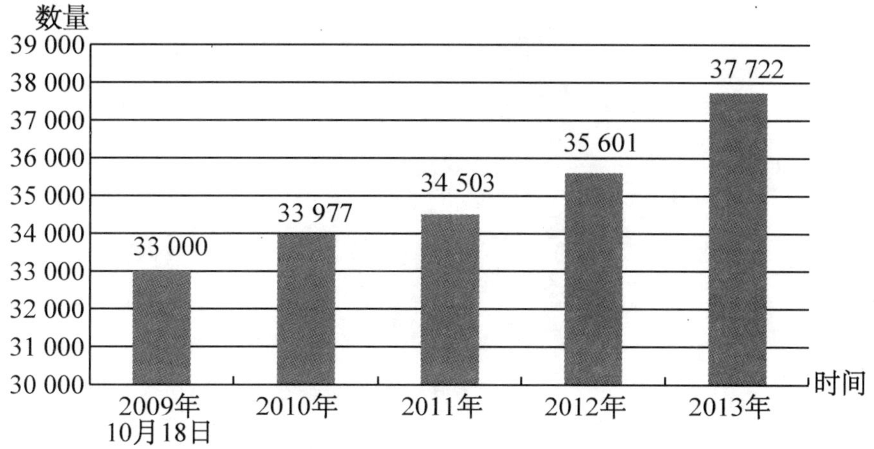

图 10-3　2009 年以来行业党员数量

2. 区域结构方面，行业党员主要集中在华东、中南地区，其中新增党员方面，华东地区占比一半。截至2013年12月31日，华东地区党员数量占行业党员总数的43.35%，中南地区占21.88%，两者合计占到行业党员总数的65.23%，详见图10-4。这与地区经济发展水平较高、从业人员数量集中密切相关。2013年行业党员数量位居前5位的省份分别是上海(5400人)、北京(3874人)、浙江(3622人)、山东(2695人)、广东(2453人)(见图10-4)。

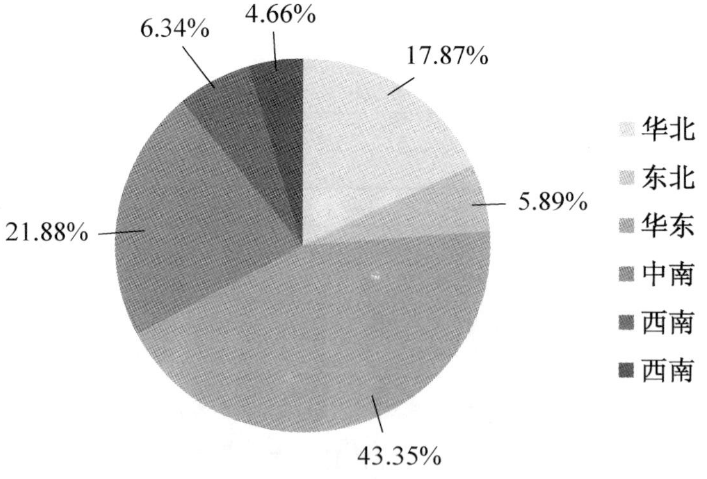

图 10-4　各区域事务所党员数占全国事务所党员数的比重

2013 年，华东地区新增党员数量占行业新增党员总数的比重最大，达 51.03%。同时，东北地区是唯一一个行业党员数量减少的地区。在 2013 年行业自身发展党员方面，华东地区占比最大，占行业总数的 41.13%；东北地区最少，仅占行业总数的 3.21%。综合数据详见表 10-2。

表 10-2　2013 年行业党员总数、增加数、新发展数及区域比重

序号	地区	省、自治区、直辖市	党员总数	各区域党员占行业的比重	党员增加数	各区域党员增加数占行业的比重	新发展党员数	各区域新发展党员数占行业的比重
1	华北	北京	3874	17.87%	182	10.13%	64	20.31%
2		天津	562		40		9	
3		河北	1163		43		47	
4		山西	730		0		25	
5		内蒙古	413		15		13	
6	东北	辽宁	1166	5.89%	−65	−1.59%	0	3.21%
7		吉林	545		17		17	
8		黑龙江	512		4		8	

（续表）

序号	地区	省、自治区、直辖市	党员总数	各区域党员占行业的比重	党员增加数	各区域党员增加数占行业的比重	新发展党员数	各区域新发展党员数占行业的比重
9	华东	上海	5400	43.35%	330	51.03%	26	41.13%
10		江苏	2834		523		81	
11		浙江	3622		382		132	
12		安徽	860		107		33	
13		福建	488		31		31	
14		江西	454		33		11	
15		山东	2695		4		6	
16	中南	河南	1544	21.89%	24	32.36%	24	18.25%
17		湖北	1257		79		37	
18		湖南	666		40		16	
19		广东	2453		323		46	
20		深圳	1875		393		0	
21		广西	297		20		11	
22		海南	163		15		8	

（续表）

序号	地区	省、自治区、直辖市	党员总数	各区域党员占行业的比重	党员增加数	各区域党员增加数占行业的比重	新发展党员数	各区域新发展党员数占行业的比重
23	西南	重庆	595	6.34%	35	4.60%	8	5.91%
24		四川	1106		21		21	
25		贵州	220		0		0	
26		云南	469		71		17	
27		西藏（未参与统计）	—		—		—	
28	西北	陕西	805	4.66%	10	3.47%	10	11.18%
29		甘肃	342		13		6	
30		宁夏	141		1		2	
31		青海	104		9		6	
32		新疆	367		63		63	
		合计	37722	100%	2763	100%	778	100%

3. 各省份之间，事务所党组织党员平均数量差异较大。从全行业看，平均每家事务所党组织拥有党员11.22名，但各省之间差异较大，其中平均数量最多、平

均数量最少的省份如表 10-3、表 10-4 所示。

表 10-3　2013 年事务所党组织党员平均数量最多的 5 个省区市

序号	省区市	每家党组织平均拥有党员（人/家）	地区党组织数（家）	地区党员数（人）
1	上海	54	100	5400
2	深圳	36	52	1875
3	北京	31.5	123	3874
4	浙江	17.5	207	3622
5	重庆	14.2	42	595

表 10-4　2013 年事务所党组织党员平均数量最少的 5 个省区市

序号	省区市	每家党组织平均的党员数（人/家）	党组织数（家）	党员数（人）
1	黑龙江	4.4	117	512
2	宁夏	5.6	25	141
3	内蒙古	5.7	73	413
4	青海	5.8	18	104
5	贵州	5.8	38	220

4. 各级行业党组织认真组织行业党员学习贯彻中央精神，基层党员培训工作不断加强。各级行业党组织通过制发通知、邀请专家授课、开展课题研究、组织交流讨论、举办主题征文等方式组织行业党员学习贯彻十八届三中全会精神。中国注册会计师行业党委举办学习贯彻十八大精神远程培训班，地方行业党组织和事务所党组织书记近4000人参加培训；继续采用"一竿子到底"方式，举办事务所党组织书记能力提升远程培训班，3000余名会计师事务所党组织书记，以及各省级、地市级行业党委委员、党办工作人员参加培训；举办中央党校、中央国家机关分校财政部注册会计师行业骨干进修班（第四期），31名行业党员骨干参加，并全部顺利毕业，4期进修班累计培养行业党员骨干119人；首次举办省级行业党组织党办主任培训班。已经基本形成省级行业党组织党务工作者、事务所党组织书记、行业党员骨干三个层次、短期与中期相结合的党员教育培训体系。

地方注协党组织开展灵活、多样的党员教育培训，

2013年各地自主组织党员教育培训班59个，培训党员10128人次，其中安徽、浙江、江苏、四川等省行业党员教育工作较为突出。各事务所除组织参加上级党组织统一培训外，还开展演讲、征文、红色旅游、现场观摩、诚信宣誓等丰富多彩的教育活动。部分大型事务所在内部培训中增设了党员培训课程。

三、集中开展行业“诚信文化建设年”活动

在总结2009年以来每年开展主题活动做法的基础上，2013年在全行业开展行业“诚信文化建设年”主题活动，创新和丰富了行业诚信文化建设载体，提升了广大从业人员对诚信文化思想认识，建立健全了行业诚信文化建设的制度机制保障，以诚信建设为切入点推动行业科学发展。

1. *制发活动方案部署活动开展。*2013年年初中国注册会计师行业党委召开扩大会议，部署开展行业“诚信文化建设年”活动。在广泛征求各方意见，并报财政部领导审定后，全国行业党委和中注协联合制发了《注

册会计师行业"诚信文化建设年"活动实施方案》,明确活动的目标要求、九项任务、方法步骤、组织领导等,将诚信文化建设与实施行业发展战略、解决行业发展问题结合起来。制定活动分工方案和落实方案,将57项工作任务落实到中注协各部室,分工推进落实。全国各地分别制定了本地区"诚信文化建设年"活动实施方案、分工方案,会计师事务所也积极行动,制定活动实施方案,部署活动的开展。

2. 指导推进"诚信文化建设年"活动开展。财政部部长楼继伟专门听取中注协领导班子的工作汇报,要求贯彻落实习近平总书记"主题主线"重要批示精神,抓好行业诚信文化建设。财政部部长助理余蔚平多次调研行业工作,要求开展好行业"诚信文化建设年"活动。6月18日,中国注册会计师行业党委召开行业"诚信文化建设年"交流推进会视频会议,财政部部长助理余蔚平出席并讲话,对活动取得成效予以肯定,就进一步深化活动开展提出要求;各省区市行业党组织和注协、事务所党组织书记参加会议,交流推进诚信建设的做法和经验。中国注册会计师行业党委和中注协联合印发“手拉手、面对面、心贴心”注协干部走基层活动的通知，引导各级注协干部职工到事务所调研指导推动活动开展。全国行业党委委员、中注协领导班子成员先后 17 次到基层实地调研，听取一线同志的意见和建议，选树宣传典型 20 余个。各级行业党组织和注协在事务所建立联系点，主管行业工作的财政厅(局)领导、行业党委委员、注协班子成员等到事务所调研，督促活动深入开展，确保活动取得实效。2014 年年初，与光明日报社联合召开注册会计师行业诚信建设理论研讨会，专家学者对注册会计师行业诚信建设实践和理论成果进行了总结研讨，深化了活动成果。

3. 广泛开展诚信文化创建活动，行业对诚信文化认识进一步深化。培育诚信理念，凝聚诚信共识，是诚信文化建设的基础。围绕社会主义核心价值体系建设和贯彻“主题主线”要求，在全行业广泛开展“注册会计师职业精神”提炼活动，共收集表述语 2000 余条。以“文化 · 品牌”为主题举办 2013 年两岸四地会计师行业交流研讨会。组织编写《诚信之路》一书，对注册会计师行业诚信建设进行的思考、走过的道路进行梳理总结，该书荣获国家出版基金项目和新闻出版总署社会主义核心价值体系建设“双百”出版工程重点出版物。

各级行业党组织和地方注协开展丰富多样的诚信文化建设创建活动，组织召开诚信建设理论研讨会，开展诚信执业倡议、自律公约、诚信宣誓，征集行业诚信之歌词曲，开展执业警示教育活动和诚信文化建设年展示月活动；以诚信为主题或冠名举办一系列丰富多彩的文体活动，组织植树造林、绿色骑行倡议等公益活动。

事务所以诚信为主题，组织演讲比赛、文艺活动和体育竞赛活动，踊跃为四川雅安地震灾区捐款。有的事务所建立人文关怀沟通协调体系，探索事务所以人为本的文化建设。证券资格事务所和各省区市前20名事务所普遍建立宣传栏、网站、刊物、党员活动室等文化宣传阵地。这些都活跃了行业诚信氛围，深化了广大从业人员对诚信文化的认识，丰富了行业诚信建设实践，促进了从业人员的诚信自觉。

4. 健全了诚信文化建设的制度机制保障。制度机制是文化的重要组成部分、是坚实载体和文化建设的重要保障。完善执业准则，调研梳理注册会计师执业中存在的问题，印发了职业怀疑、函证等 6 项审计准则问题解答。编写《职业道德守则问题解答》，提高守则的可操作性，为注册会计师诚信执业提供指引，规范执业行为。推进事务所合伙制转制，起草《事务所特殊普通合伙协议范本》问题释义、《注册会计师职业责任保险集中投保办法》等 6 个系列文件，积极支持和指导证券所向特殊普通合伙转制，强化合伙文化建设，优化诚信约束机制。加强行业信息化建设，固化准则要求。实现行业法律法规库、经济数据库正式上线运行，开发并试运行大型事务所审计软件，以信息化固化审计流程，留痕备查审计过程，强化诚信执业。健全行业准入关，加强考试管理制度建设，修订注册会计师全国统一考试办法和考试档案管理办法，发布考试专业服务机构工作人员报备、回避与承诺制度，确保注册会计师考试安全，选拔德才兼备的注册会计师后备人才。推动地方注协深入开展事务所股东或合伙人任职资格评审工作，规范和严格管理拟设立事务所股东或合伙人出具证明工作，严把事务所成立的诚信准入关。

5. 加大查处力度，抑制失信行为。一是加大上市公司年报审计事中监控力度。上市公司年报审计期间，安排专人逐日跟踪上市公司年报披露情况，重点关注媒体报道、网络信息和各个方面的反映，并进行调查，针对9类问题和风险，开展年报审计监管约谈9批次，涉及证券事务所11家、上市公司15家，提醒事务所谨慎执业、严控风险、确保质量。二是综合治理行业不正当低价竞争，制定了《中注协综合治理行业不正当低价竞争工作方案》，召开综合治理行业不正当低价竞争座谈会，组织签署《证券期货资格会计师事务所抵制行业不正当低价竞争倡议书》，并发出倡议，号召广大从业人员自觉抵制不正当低价竞争。对中国船舶集团工业公司等重大审计业务招投标和审计服务收费情况进行跟踪，与相关企业进行沟通，约谈涉嫌不正当低价竞争的事务所。推动指导地方注协开展专案调查、专项检查、业务收费报备等多种实效性工作。这一工作已取得初步成效，2013 年上市公司年报审计收费比上年稳中有升。三是开展事务所执业质量检查，对 8 家证券事务所及其 21 家分所进行针对性重点检查，指导地方注协对本地区事务所进行执业质量检查。四是严格注册会计师年检工作。这些措施及时清理了不合格注册会计师，将害群之马淘汰出局，提高了行业监管公信力和威慑力，提高了不诚信成本，有效抑制了行业失信行为。

6. 健全行业诚信正向激励，让诚信者扬名。突出诚信考核，修改完善中注协资深会员评选办法，并予以长效化。支持开拓新业务，提升市场谈判力，累计发放奖励资助资金 990 万元，支持和帮扶事务所开拓新业务，增强事务所诚信执业的业务基础和弹性空间。支持事务所品牌建设。起草印发《会计师事务所品牌建设指南（征求意见稿）》，就事务所品牌认知、品牌创建、品牌管理、品牌推介、营造品牌环境等给予指导。承办第二届"京交会"会计服务板块系列活动，举办发布会，推介4家事务所品牌，促进事务所品牌建设，以品牌为载体推进行业诚信文化建设，带动事务所诚信执业。

各省级行业党组织和注协也积极开展优秀注册会计师、优秀党员评选活动，开展示范党支部、示范事务所、文明单位创建活动。诚信建设的努力，得到客户、社会、国际同行的认可，更好地塑造了行业诚信形象。

四、巩固完善行业党建长效常态机制

1. 制定实施行业党建工作5年规划。按照党的十八大关于加强党的建设工作的要求，系统总结全面加强行业党建4年来的做法和经验，紧密结合中央领导系列批示精神、行业特点和发展实际，在广泛征求意见的基础上，制定《注册会计师行业党建工作五年规划（2013—2017年）》，分析行业党建存在的现实问题，明确行业党的建设目标、任务和措施，为深化和长期推进行业党的建设指明了方向。各地区及部分事务所参照制定党建工作规划。

2. 巩固完善省级抓、抓省级行业党建工作机制。修订《省级注册会计师行业(协会)党组织考核评价办法》,增加、量化考核指标和内容,明确考核程序和考核结果的使用,优化年度考核工作对省级行业党组织的激励约束机制,促进提高行业党建工作的管理水平。继续采取"以奖代补"方式向省级行业党组织下拨行业党建专项补助经费。召开每年一次的行业党委扩大会,完善对行业党建工作上评下议的点评评议机制,表彰先进、鞭策落后,健全行业党建工作的激励机制。省级行业党组织也结合地区实际,推进行业党的制度建设,2013 年共制发政策文件 180 个。

3. 探索完善事务所创先争优机制及指导事务所党建工作的新机制。中国注册会计师行业党委、中注协修订完善全国事务所综合评价办法,各省区市行业党组织和注协进一步完善创先争优综合评价办法和指标体系,对事务所进行党建业务的综合评价,依据评价结果开展分类定级,并将评价结果向社会公布,激励事务所做好党建工作。

4. 探索开展事务所"支部工作法"提炼活动。针对事务所党建工作存在的薄弱环节和基层工作方法不够的问题,在行业内开展"支部工作法"提炼活动,经过归纳、总结、提炼,初步探索了不同层面、不同环节和领域的事务所基层支部工作法,其中,中注协党委"五对接"工作法、安徽永合会计师事务所党支部"321"党建工作法、江苏仁禾中衡会计师事务所党组织"领航工作法"、湖北众环会计师事务所"党建业务双驱动"工作法、宁夏天华会计师事务所党支部"三贴近工作法",被作为典型在行业推广,为事务所党组织找准党建工作着力点,提供参考和借鉴。

5. 完善行业党建信息统计通报制度。经过广泛征求意见建议,对创先争优活动期间建立的活动开展情况统计通报制度进行了全面修订,形成了注册会计师行业党建工作通报制度,按季度统计通报包括党组织数量、党员数量、宣传与沟通、长效机制建设、党员教育、活动开展情况、受表彰情况 7 大类目 17 项指标。

行业党建工作取得新成效，得到了有关部门认可。据不完全统计，2013 年有 23 家行业党组织、注协和会计师事务所基层党组织、16 名党员和党务工作者获省级荣誉表彰。

（执笔：冯毅、高魁）

分报告十一　2013 年注册会计师行业统战群工发展报告

2013 年，中国注册会计师行业党委在财政部党组的正确领导和中共中央统战部、共青团中央等部门的支持指导下，紧紧围绕贯彻落实习近平同志对行业作出的“紧紧抓住服务国家建设这个主题和诚信建设这条主线”重要批示精神，积极推进注册会计师行业党的政治系统建设，巩固提升注册会计师行业统战工作，活跃深化行业团建工作。

一、2013 年注册会计师行业统战工作发展情况

2013 年，中国注册会计师行业党委坚持发挥行业党建体制、机制和协会管理优势，全面贯彻落实《中共中央关于加强新形势下党外代表人士队伍建设的意见》和中共中央统战部、财政部党组《关于加强注册会计师行业统战工作的意见》文件精神，夯实行业统战工作基础，

加强行业代表人士队伍建设，探索联系服务行业代表人士方法，支持行业代表人士更好地服务国家建设和经济社会发展等方面取得积极成效。

（一）强化队伍建设，注册会计师行业代表人士参政议政的数量规模进一步扩大

2013 年，中国注册会计师行业党委根据统战工作文件要求，推动地方注册会计师行业党组织，开展注册会计师行业代表人士队伍建设工作，通过强化督导、重点考核，使工作责任层层分解，工作逐级落实，活力逐步激发。指导地方注册会计师行业党组织做好代表人士遴选、考察和培养工作，确保后备队伍数量充足、结构合理。采用多种方式，加强对注册会计师行业代表人士的推荐和安排使用，通过在各级注册会计师协会的理事会、常务理事会，安排一定比例的党外代表人士，向各级人民代表大会、政府、政协及有关人民团体推荐，为行业人士成长、成才创造学习锻炼、展示才干、发挥作用的机会。

据统计，截至 2013 年年底，注册会计师行业担任全国各级党代表、人大代表、政协委员的共计815人次，与2011年年底中共中央统战部、财政部党组联合发文，全面加强行业统战工作之前相比，增加428人次，增幅达110.6%。其中，担任省级以上党代表、人大代表、政协委员的共计85人次，与2011年年底相比，增加44人次，增幅达107.3%；注册会计师行业当选第十二届全国人大代表和第十二届全国政协委员的共6名，较上届增加3名，江苏天衡会计师事务所主任会计师余瑞玉同志当选为第十二届全国人大代表，实现注册会计师行业在全国人大代表中零的突破。具体如图11-1所示。

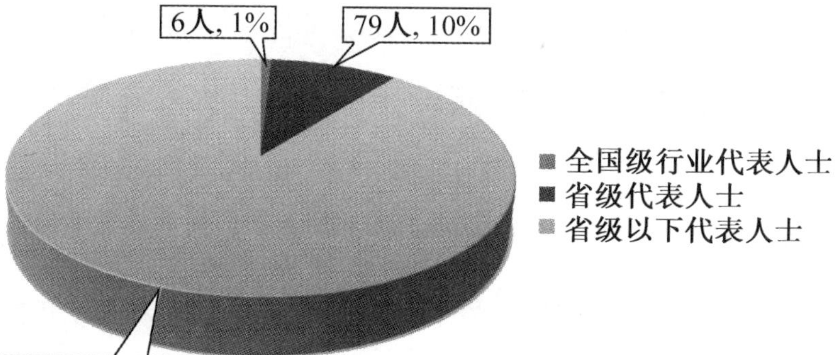

图11-1　截至2013年年底注册会计师行业各级代表人士数量分布图

（二）组织座谈培训，注册会计师行业代表人士服务经济社会发展的能力和水平进一步提高

2013年3月12日，中国注册会计师行业党委在京召开注册会计师行业全国人大代表、政协委员座谈会。通过座谈，引导广大会计师事务所、行业从业人员将学习贯彻“两会”精神与行业发展和会计师事务所成长进步结合起来，紧密联系注册会计师行业发展实际，紧密联系会计师事务所、从业人员工作和思想实际，明确新的前进方向和具体工作目标。

2013年，注册会计师行业选送2位优秀的党外代表人士参加中共中央统战部第十期新的社会阶层人士理论研究班，全国各地近60名省级注册会计师行业代表人士通过参加省委统战部举办的新的社会阶层理论研讨班、“无党派人士”培训班以及联谊交友、培训教育等活动，认真学习、深刻理解、切实践行党的理论创新成果，与党同心同德，在积极发挥自身优势，推动经济社会科学发展建言献策方面凝心聚力、共同成长。

2013年12月2～3日，中国注册会计师行业党委

在京举办行业代表人士第三期培训班，进一步深入贯彻落实中共十八大和中共十八届三中全会精神，邀请社会主义学院等单位的资深学者就新的社会阶层人士统战工作、当前我国宏观经济形势、如何提高参政议政能力等内容，为214名参训人员进行授课，帮助、支持注册会计师行业代表人士发挥专业优势，提升履职尽责的能力水平，更好地服务国家建设。

2013年，注册会计师行业代表人士立足岗位，发挥优势，分别就经济、政治、社会、文化、生态等热门话题提出提案、议案和建议。余瑞玉在第十二届全国人民代表大会上提交了关于“提高财政收入质量”、“稳健推进城镇化发展”、“进一步完善重点优抚对象定期生活补助标准和社会救助标准调整机制”的相关建议，是注册会计师行业代表人士首次通过全国人民代表大会的舞台参政议政，发挥服务国家经济社会发展的作用。新当选为第十二届全国政协委员的张连起、张国俊、朱建弟、张萍、石文先5位注册会计师行业代表，也分别就“设立单独的证券审核监督组”、“以会计专业知识服务经济社会”、“引入中介机构信用评级制度”、“合理变更会计期间”、“大力发展资源节约型和环境友好型企业”等问题提交提案，为推动经济社会发展在更高的平台上献计出力。

此外，注册会计师行业代表人士还通过积极参加统战部门举办的各类调研考察和座谈会等形式，积极承担社会责任，发挥专业优势，为促进经济社会健康发展献计献策。2013 年 5 月，2 名行业全国政协委员参加中共中央统战部“新的社会阶层人士为推动城乡发展一体化服务”考察活动，并在活动中表现优异，体现出注册会计师专业人士较高的专业素质和政治素养，较强的社会责任意识和参政议政水平。上海市部分注册会计师行业代表人士参加上海市委统战部组织召开的“团结引导新的社会阶层人士调研”座谈会，针对新社会阶层人士在会计师事务所发展、个人创业、工作生活中遇到的主要问题，提供意见建议。山东省注册会计师行业代表人士通过参加山东省委统战部组织的论坛、考察调研、研讨会等活动，积极为深化改革、加快转变经济发展方式和改善民生、创新社会管理等服务。

（三）创新服务载体，注册会计师行业统战及代表人士联系服务工作进一步制度化、规范化

2013 年，中国注册会计师行业党委根据统战工作文件要求，督促、指导地方行业党组织深入落实文件精神，凝聚形成推动行业统战工作的强大合力。根据文件要求，推动地方注册会计师行业党组织积极同财政部门、统战部门联系，通过主动汇报工作、沟通情况，争取对行业统战工作的支持；推动地方注册会计师行业党组织结合本地实际灵活开展统战工作。2013 年，北京市、浙江省、江西省、河南省、湖北省、云南省等地召开专题研究注册会计师行业统战工作、推动做好注册会计师行业代表人士提案议案相关工作的座谈会，同时注意与当地统战部门一同研究做好注册会计师行业统战工作的方式方法，注册会计师行业统战工作科学化水平进一步提高。

2013 年，中国注册会计师行业党委根据《关于印发〈中国注册会计师协会联系服务注册会计师行业代表人士工作规程〉的通知》要求，结合工作实际，创新联系服务平台，丰富联系服务载体，积极开展联系服务工作。

全面掌握包括个人基本信息、主要经历、获奖情况、科研成果、社会贡献以及参政议政的议案提案情况在内的联系服务对象信息，联系服务工作基础进一步夯实。中国注册会计师行业党委创新联系服务平台，通过建设和维护好“行业代表人士”专栏，搭建注册会计师行业内外沟通的交流平台，反映行业统战工作的鲜活实践，展现注册会计师行业代表人士的个人风采，营造注册会计师行业统战工作的良好氛围。突出联系服务重点，为注册会计师行业代表人士参政议政提供有力支持。2013 年“两会”召开之前，向注册会计师行业代表人士提供专项信息服务，鼓励和支持代表人士立足专业本职，发挥参政议政优势，切实为服务国家建设和推动注册会计师行业发展建诤言、献良策，并在中注协网站和《中国注册会计师》期刊上进行宣传，为代表人士有序政治参与营造良好的社会舆论氛围。

二、2013 年注册会计师行业团建工作发展情况

2013 年，中国注册会计师行业团委（以下简称行业

团委）全面贯彻落实共青团中央、中国注册会计师行业党委关于行业团建工作的各项部署和要求，以注册会计师行业“诚信文化建设年”活动为契机，扎实开展各项工作，切实履行好组织青年、引导青年、服务青年的基本职能，在加强注册会计师行业基层团组织建设，强化行业团员青年理想信念教育，服务注册会计师行业青年成长、成才和发挥广大行业团员青年生力军作用等方面取得积极成效。

（一）夯实团建基础，丰富建团形式，注册会计师行业团组织和团的工作覆盖面进一步扩大

2013年，行业团委以健全组织体系为着力点，构建中国注册会计师行业团委、地方注册会计师行业团组织、会计师事务所团组织及其他各类青年组织的三级组织体系。行业团委积极指导地方加快组建省级和地市级注册会计师行业团组织，同时重点推动大中型会计师事务所的建团工作，引导、鼓励其他中小型会计师事务所根据自身特点，采取挂靠建团、联合建团以及成立青年工作委员会等方式灵活组建团组织。

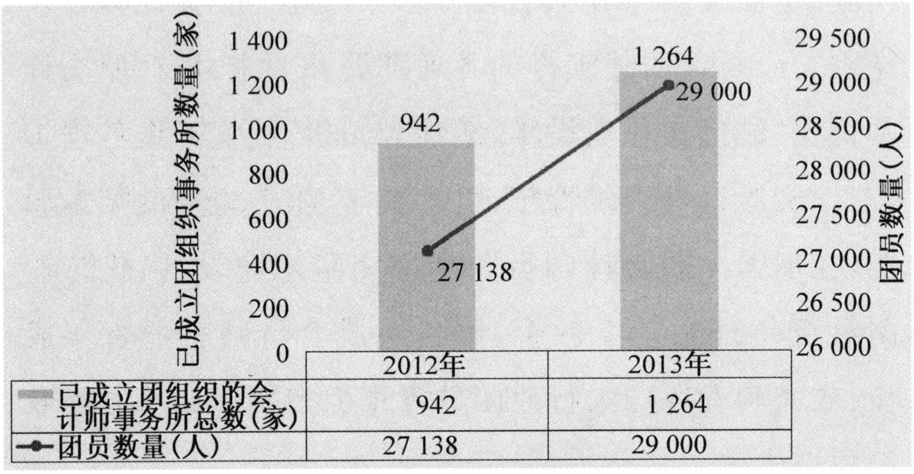

图 11-2　2012—2013 年注册会计师行业成立团组织的会计师事务所数量和团员数量变化图

据统计，截至 2013 年年底，除西藏自治区外的各省、自治区、直辖市全部成立省级行业团组织；全国已成立团组织的会计师事务所总数由 2012 年年底的 942 家增加到 2013 年年底的 1264 家，增长 34.2%，注册会计师行业团员总数由 27138 人增加到 29000 人，增长近 6.9%；2013 年会计师事务所综合评价排名前 100 位的大中型会计师事务所已全部建立了团组织。详见图 11-2。行业团委以服务注册会计师行业青年和注册会计师行业发展为主要任务，大力提升注册会计师行业团组织的活力和服务能力，使青年乐于参与、便于参与，推动实现团的组织和工作的“双覆盖”。

（二）加强理想信念教育，开展主题活动，注册会计师行业青年服务经济社会发展的生力军作用进一步凸显

行业团委通过召开座谈会、举办培训班、制发文件通知等方式，组织引导广大注册会计师行业团员青年深入学习贯彻中共十八大和共青团十七大会议精神。根据共青团中央“我的中国梦”主题教育实践活动总体方案和共青团中央城市青年工作部《关于在全国城市青年中广泛开展“我的中国梦”主题教育实践活动的通知》要求，在广大注册会计师行业团员青年中开展“青春建功中国梦”主题教育实践活动。以行业团委为主导开展注册会计师行业青年“我的中国梦”报告座谈会和“我们的工作、我们的生活、我们的梦想”主题作品征集评比活动。组织注册会计师行业团员青年开展学雷锋志愿服务活动，并以此为契机组织开展多种形式的公益活动，引导广大注册会计师行业团员青年用实际行动践行社会责任。

2013 年，注册会计师行业团员青年通过参加学雷锋志愿活动、注册会计师行业青年专家服务团等活动，注册会计师行业团员青年的参与热情和奉献精神得到进一步激发，在发挥热心公益、传播爱心、服务经济社会发展方面发挥的作用进一步凸显。注册会计师行业团员青年通过学雷锋志愿服务活动，以实际行动服务国家建设，提高诚信水平，积极开展扶老敬老、爱心捐赠、义务植树等多种形式的公益志愿活动。福建省注册会计师行业团委以“捐献青春热血、建设诚信文化”为主题，组织注册会计师行业团员青年开展无偿献血等活动，引导注册会计师行业团员青年以实际行动回报社会。广西壮族自治区注册会计师行业团委组织团员青年到南宁市江南区锦唐学校开展共青团关爱农民工子女志愿服务行动，与在校师生开展“红领巾相约中国梦”活动。甘肃省注册会计师行业团委组织各会计师事务所团支部书记、团委委员和青年代表赴甘肃注协“双联”行动联系点——渭源县北寨镇张家堡村小学开展爱心助学和支教帮扶活动。新疆维吾尔自治区注册会计师行业团委联合自治区团委、新疆青年社会组织促进会、新疆青少年发展基金会举办“水墨天山　为爱纵走”公益活动，亲近自然、放松身心，唱响爱心公益主旋律，将爱心传递给希望工程。在“注册会计师行业青年专家服务团”对口帮扶活动中，多名注册会计师行业青年专家深入宁夏地区，为有关企业提供专业咨询服务，促进企业提升科学管理水平。天津市注册会计师行业团委在会计师事务所中招募了20余名青年志愿者，与市财政局团委、市国税局团委联合组成志愿者财税服务队，为科技型中小企业提供会计、审计相关政策法规的咨询、帮扶等便捷服务。

（三）强化团干部队伍建设，丰富活动载体，注册会计师行业团员青年成长成才渠道进一步拓宽

2013年，为及时学习领会中共十八大和共青团的十七大精神，行业团委组织召开团委会，统一思想，凝聚共识。同时，针对注册会计师行业团干部兼职多、经验

少的问题，行业团委举办团干部培训班，提高注册会计师行业各级团干部团建工作理论水平。各级注册会计师行业团组织在行业团委的引导下，通过召开团建工作交流推进会、组织多种形式的注册会计师行业基层团干部培训，团建工作内生动力得到持续增强，行业各级团组织服务青年、服务注册会计师行业发展的能力水平得到全面提升。其中，江西省注册会计师行业党委通过健全党群队伍“交叉任职、双向进入”机制，推荐优秀青年党员到团组织中担任书记，大力吸收和培养优秀团员青年入党，实现党团组织人事的优势互补，选派政治过硬、勤奋热心、青年信服的业务骨干担任团的干部，在选好配强各级团组织方面取得积极成效。

2013年，行业团委紧密结合注册会计师行业特点，开通网上注册会计师行业青年专栏、设立“中国注册会计师行业青年”微信公众订阅账号，进一步加强与注册会计师行业青年的沟通联系，通过组织各地方注册会计师行业团组织开展多种形式的学习交流、技能培养活动，激发注册会计师行业青年学习热情，竭力为注册会计师行业青年成长、成才创造良好条件和发展平台。2013年，北京市、天津市、河北省、吉林省、浙江省、安徽省、福建省、四川省、重庆市、陕西省、宁夏回族自治区等地积极开展注册会计师行业“青年文明号”创建活动，汇聚注册会计师行业广大团员青年的智慧和力量，教育和引导注册会计师行业青年爱岗敬业、主动创优、矢志成才，组织和动员注册会计师行业青年恪守职业道德、争创一流业绩、勇担社会责任；在全国31个省（自治区、直辖市）开展寻找“最美青工”活动，引导广大注册会计师行业青年坚持不懈地以诚信品质作为工作和生活的稳固基石，铸就职业精神，提升执业能力，通过全国范围注册会计师行业内投票、综合评价等环节，8名注册会计师行业青年被推选为全国注册会计师行业“最美青工”；北京市、天津市、吉林省、黑龙江省、安徽省、四川省、重庆市、新疆维吾尔自治区等地积极开展“注册会计师行业青年就业创业见习基地”工作，帮助高校应届毕业生积累工作经验，提高就业能力，提升行业对青年人才的吸引力，同时为会计师事务所选人用人搭建平台，提供充足的人才储备；行业团委广泛发掘注册会计师行业青年中的优秀个人和先进集体，并积极向共青团中央推荐，2013 年，注册会计师行业 1 家会计师事务所团支部、1 名共青团员和 2 名一线工作者分别被共青团中央授予“全国五四红旗团支部”“全国优秀共青团员”“最美青工”等荣誉称号，39 家先进团组织和 110 名优秀个人受到行业团委表彰，通过挖掘和树立青年典型，激发和调动注册会计师行业广大青年投身行业发展的积极性和创造性，引导注册会计师行业青年成长、成才。

（执笔：赵晓玲、王磊）

分报告十二　注册会计师行业信息化战略实施情况专题报告

充分利用信息技术，大力推进信息化，是覆盖我国现代化建设全局的战略举措，是贯彻落实全面深化改革、加快转变经济发展方式和建设创新型国家的迫切需要和必然选择。2010年11月，中注协第五次全国会员代表大会在全面分析行业面临的发展形势和机遇的基础上，将信息化战略确定为注册会计师行业“十二五”期间的五大发展战略之一，全面推进行业信息化建设。

一、行业信息化战略实施背景

在注册会计师行业实施信息化战略，用现代信息技术全面装备注册会计师行业，是推进会计师事务所做强做大和搭建行业诚信监控体系的技术支撑，是提高行业管理与服务水平，以及提升行业服务国家建设能力的重要技术保障。

在行业管理与服务信息化层面。2000 年，中注协提升信息化硬件设施，建立了中注协和各地方注协之间的网络专线、Internet 广域网、财政系统网中注协子网和保密业务网，形成了以中注协和地方注协两级网络平台为核心，覆盖会计师事务所、注册会计师和非执业会员的信息化网络。同年，中注协门户网站（www.cicpa.org.cn）正式建立，并部署建成中注协电子邮件系统。2004 年，利用中国联通公司的保视通业务系统，部署建设注册会计师行业远程教育网。2005 年以来，以注册管理为枢纽，中注协整合行业各项管理和服务功能，开展了行业管理信息系统建设，建成以行业管理信息系统为平台，以行业诚信信息监控体系为中心，形成包括考试管理系统、会员管理系统、培训管理系统、业务监管系统、行业党建系统、财务报表系统和专家库等信息系统。

在会计师事务所信息化层面。经历了从无到有、从简单到多元的发展历程，会计师事务所信息化建设也取得了一定的进展。大型会计师事务所基于加强内部管理和执行业务的需要，独立开发或外购了业务管理系统，审计软件的使用更加普遍，一些中小型会计师事务所也纷纷采用一些相对简单的审计工具。

二、行业信息化建设规划

信息化建设是一项系统工程，要在机制上保证其有效运转，需要运用系统的方法，从全局角度出发，统筹考虑建设规划与目标。为此，中注协于 2011 年开展了行业信息化战略顶层设计工作，借鉴国际先进经验和做法，结合行业信息化现状，制定发布了《中国注册会计师行业信息化建设总体方案》（以下简称总体方案），标志着注册会计师行业信息化战略的全面启动。

总体方案针对中注协“五代会”上提出的行业信息化战略要求，立足我国注册会计师行业信息化建设起步晚、水平参差不齐的现状，通过开展行业信息化建设顶层设计工作，全面规划了行业信息化发展的总体目标、总体框架、建设步骤和主体责任等内容。此外，中注协还连续发布了行业信息化《主要工作任务分解表》《应用功能描述》和《建设指南》等配套文件，解决好行业信息化“干什么”“谁来干”“怎样干”“怎样干得更好”等问题。总体方案及其配套文件，为行业信息化建设发挥着规划引领的作用。

（一）指导思想

总体方案要求，实施行业信息化战略要以邓小平理论和“三个代表”重要思想为指导，全面贯彻落实科学发展观，紧紧围绕“服务国家建设主题和诚信建设主线”，结合行业发展实际需求，以信息化建设为契机，优化行业管理服务理念、方式和流程，提升会计师事务所核心竞争力，提高行业管理和服务效能，提高行业服务国家建设的整体能力。

（二）总体目标

总体方案提出，按照“四统一”原则、流程再造原则、国际化原则、分类指导原则、互联互通原则和主体能动原则，充分利用现代信息技术全面装备注册会计师行业，争取用 5 年时间实现行业信息化接近或达到国际水平，实现行业信息化基础设施基本完善，应用体系广泛使用，信息系统互联互通，信息资源充分共享的总体目标。

具体表现为：至 2015 年年底，中注协和地方注协信息基础设施满足应用需求，建成功能完善和服务优异的综合信息网站、行业管理与服务平台、全面实现网上办公和网上审批；大型会计师事务所信息基础设施完备，各类应用软件的功能完善程度和对业务的覆盖幅度与国际会计公司趋于一致；中小型会计师事务所建立起门户网站，普遍采用功能健全的审计软件执行审计业务。

（三）总体框架

总体方案从全局视角出发，研究分析影响行业信息化建设的各种关系，统筹中注协、地方注协和会计师事务所之间的业务流和数据流，提出“四大主体、四大架构”的行业信息化建设总体框架。即在行业信息化建设总体目标的统领下，针对中注协、地方注协、大型会计师事务所、中小型会计师事务所四个不同主体，按应用、支撑、数据、设施四大架构开展信息化建设，确保实现硬件资源共享、软件系统互联、数据资源互通、共性与个性结合，打造开放式的信息网络。

协会信息化架构。中注协和地方注协的信息化应用架构均分为“行业管理和服务应用”和“内部管理应用”两类，且具体内容基本相似，大部分建设内容由中注协承担，地方注协共享使用。其中“行业管理和服务应用”覆盖考试管理等12项应用系统，“内部管理应用”以协同办公应用为主。注协系统的信息化支撑架构均包括运维支撑和安全支撑等。协会的数据架构是指建设行业统一的数据库；设施架构是指建设支撑系统稳定运行的基础硬件条件。此外，地方注协数据架构中与行业管理和服务相关的数据资源，需与中注协数据库互联互通。

事务所信息化架构。会计师事务所的信息化应用架构包括“业务管理”和“内部管理”两大类。其中，大型会计师事务所的“业务管理”覆盖客户、项目、独立性、作业和后续管理5项应用；“内部管理”覆盖财务、人力资源、培训、行政服务和决策支持5项应用。支撑架构包括知识检索、运维支撑和安全支撑。数据架构包括财务运维数据、客户项目数据、人力资源数据和底稿档案数据四大数据库。设施架构覆盖主机、存储、备份、网络、安全、机房布线等内容。

（四）建设步骤

针对总体目标和总体框架所确定的建设任务，总体方案提出了行业信息化“三步走”的建设步骤，利用5年时间，突出重点，循序渐进地完成行业信息化建设任务，确保行业信息化协调发展。建设步骤具体为：

2011年，制定规划阶段。开展行业信息化战略顶层设计工作，完成行业信息化建设总体方案和行业信息化建设指南等顶层设计方案，为行业信息化建设找出问题、指明方向、理清思路、定出措施。

2012年，建设系统阶段。紧紧围绕行业信息化建设的“四大主体、四大架构”，完成机考、审计作业与管理、行业知识库等系统建设，以及考试管理、行业管理和行业党建等信息系统的升级优化建设，实现考试管理、行业党建、行业管理、行业服务、事务所、服务经济社会六大应用模块信息化的突破。

2013—2015年，整合应用阶段。在第二阶段行业信息化骨干网络基本建成的基础上，形成行业核心应用标准和数据交换标准体系，整合建设“行业管理与服务”“事务所管理与业务”和“服务经济社会”三大平台。

三、行业信息化建设阶段成果

为贯彻实施行业信息化战略，采取制度保障、技术指导、项目推进和培训普及等主要工作做法，统筹行业优势资源扎实推进行业信息化建设，完成行业信息化总体规划，集中资源实现了项目建设重点突破。

（一）完成注册会计师考试机考改革

2012年，注册会计师考试成功实施机考改革。针对机考环境下注册会计师考试管理、考务安排等需求的特殊性，中注协严把“论证关”“安全关”和“监控关”，严密论证注册会计师考试机考组织实施的可行性，制定《注册会计师考试实行计算机化考试实施方案》。为确保机考实施的全过程网络与信息系统安全，从应用安全、主机安全与网络安全等方面，对注册会计师考试网报系统、网站系统及其他相关信息系统，开展了一系列渗透测试、安全加固和整体监测等措施，并于 2013 年完成网报和考务系统的升级改造工作，为注册会计师机考工作提供信息安全保障。

自 2012 年起，中注协采取软硬结合的方式，从网络设备、服务器、安全设备、存储设备、操作系统、应用系统、中间件、运维工具和安全管理软件等方面，重点完成网报等相关业务系统的安全域建设，建立起考试网报和考务系统的整体信息安全防护体系框架，以及安全运维管理制度。

（二）完成行业管理信息系统（二期）建设

2012 年 12 月，行业管理信息系统（二期）正式上线运行。行业管理信息系统自 2007 年建成使用以来，随着行业管理与服务新要求的出现，需要对原系统建设平台重新规划设计建设，中注协于 2010 年 3 月启动行业管理信息系统（二期）建设，先后开展了需求分析、设计开发、系统测试、用户测试和试运行等阶段工作。行业管理信息系统(二期)具有用户界面友好、功能趋于完善、系统更加稳定三大特点,重点拓展了地方注协业务需求,重构技术研发平台,包括注册管理子系统、继续教育子系统、业务监管子系统、财务子系统、专家库子系统和公众查询子系统,充分运用信息技术手段进一步整合行业信息资源,提高管理服务效能。

2013 年年底,针对行业管理信息系统(二期)中的注册管理子系统,开发增加"注册会计师网上年检"功能模块,基本实现注册会计师网上提请和地方注协网上审批功能。

(三) 完成法律法规库建设

2013 年 1 月 1 日,法律法规库正式上线运行,以网络在线方式向全国 8000 多家会计师事务所免费提供法律法规、新闻、司法案例、实务指南、财务工作文档模板等法规资讯和实用工具。法律法规库是中注协打造行业知识库的重要组成部分,运行使用以来,提高了全行业注册会计师执业的规范性和准确性,节约了各个会计师事务所重复建设的成本,实现了行业信息资源共享。

法律法规库项目于2012年3月启动，相继开展了需求调研、产品演示和专家论证等阶段工作，了解法律法规库市场主要产品情况，考察行业实际需求。2012年9月，通过公开招标确定法律法规库服务商。2012年10～12月，在中注协的指导下，法律法规库服务商先后开展了产品部署、现场使用操作培训和试运行工作。在产品部署方面，基于法律法规库系统的B/S软件架构，以IP地址段和灵活账号方式为全国8000多家会计师事务所，以及各地方注协开通法律法规库使用权限。

2013年，通过媒体宣传推广、举办培训会、网络调查、制作宣传单（书签）等形式，持续提升会计师事务所用户的使用率，并对法律法规库的内容和功能进行优化完善，取得较好使用效果。2014年5月，完成法律法规库移动终端（智能手机和平板电脑）开发并上线使用，以满足行业用户需求，进一步提高法律法规库使用率。

（四）完成高清视频会议系统建设

2013年10月，高清视频会议系统通过项目建设验收，标志着中注协和 32 个地方注协全部建成高清视频会议系统。同时，基于高清视频会议系统，全面启用远程继续教育培训系统。高清视频会议系统的建成使用，满足了行业全国会议、注册会计师考试监控以及远程继续教育培训的需要，有力促进了中注协管理和服务工作效能的提升，通过信息技术搭建起行业上下高效沟通的桥梁。

按照“国内先进、高效扩展、安全可靠、经济实用”的建设原则和目标，2012 年 5～8 月，中注协先后开展了需求分析、设备考察调研和方案论证等阶段工作，形成行业高清视频会议系统实施方案。从 2012 年 9 月起，由公开招标确定的项目建设集成商，针对中注协主会场和 32 个地方注协分会场，分别开展高清视频会议系统实施工作。2013 年 3 月，高清视频会议系统项目通过初步验收并投入试运行。建成的高清视频会议系统主要包括华为 ViewPoint8650 MCU、华为高清终端、DLP 拼接屏和中控系统等设备，各分会场通过主会场的多点控制单元（MCU）建立连接完成音频、视频、数据的交互。

2013 年 4 月，根据试运行的使用情况，结合地方注协高清视频会议系统的特点，印发了一体化视频会议系统终端操作指导手册，并利用远程高清视频会议系统为地方注协相关人员组织系统功能展示与使用培训。截至 2013 年 12 月，累计组织召开全国性视频会议 19 次，专项工作视频会议 6 次，注册会计师考试中央监控运行 45 小时。

（五）完成大型会计师事务所审计软件研发

2014 年 1 月，适用于大型会计师事务所的审计软件——中国注册会计师审计信息系统（以下简称“审计信息系统”）正式发布，首批 7 家会计师事务所与用友审计公司签约。

2012 年 3 月，中注协启动审计软件信息化项目，以应对审计对象电子化给传统审计带来的严峻挑战，更好地提升审计执业质量，满足会计师事务所对信息化建设的需求。中注协在积极考察国内外相关软件产品和吸收各方意见的基础上，确定了“风险导向、符合准则、国内先进”的建设目标，并逐步形成“集中攻关、技术指导、专家评审、试用推广”的建设步骤与思路。同时，确定与用友审计公司进行合作，由其抽调技术骨干组建开发团队，中注协进行工作指导与技术支持，完成审计软件开发任务。2012 年 4 月至 2013 年 12 月，按照“分类指导、重点突破”的原则，中注协指导用友审计公司优先完成大型会计师事务所审计软件开发工作。

审计信息系统由审计管理系统和审计作业系统两部分组成。其中，审计管理系统包含客户管理、项目管理、独立性管理、知识库管理和模板管理等管理功能模块；审计作业系统包含项目层级管理、数据准备、数据分析、风险评估、风险应对、完成及总结功能模块。审计信息系统的发布，满足了大型会计师事务所的信息化需求，是行业与企业运用市场机制开展合作实现信息化的成功实践。

（六）完成中注协网络安全升级改造阶段任务

为满足中注协网络信息安全和业务系统的可扩展性需求，实现中注协网络信息安全达到国家等级保护三级安全防护水平，中注协于2013年4月启动网络信息安全升级改造项目。按照总体规划、适度防护，分级分域、强化控制，保障核心、提升管理，支撑应用、规范运维原则，参照我国《电子计算机机房设计规范》《计算站场地安全要求》和《信息系统安全等级保护基本要求》，结合中注协网络与信息安全实际需求，制定了《中国注册会计师协会网络与信息安全整体规划方案》。该方案重点针对机房物理安全、网络与信息系统物理安全、网络与信息系统应用安全、网络与信息系统管理安全，以及网络与信息系统外包服务安全5个方面，提出了网络与信息安全升级改造工作方案。

2013年12月，完成了中注协网络信息安全现状梳理与诊断，从物理、网络、应用、数据和管理层面进行了全方位的风险分析。同时，按照升级改造规划方案，完成中注协机房整体配电、不间断电源更换、网线铺设、门禁系统和地板更新等机房改造任务。

2014年2月，完成中注协机房综合布线、上桥架安装、网络干线铺设、机柜单电源改建、硬件设备安全域划分、机房和控制室门禁系统改建、互联网接入线路切换等工作。同时，更新出口交换机、防火墙、链路负载均衡设备，以及对关键设备和链路实施冗余配建、调整网络结构、规划网络路径、实现网络拓扑结构的整体改造优化。

（七）完成经济数据库采购部署

2014 年 3 月，中注协集中采购的 1500 个经济数据库端口账号，按照行业业务收入情况免费提供给证券事务所。此外，全部会计师事务所可按中注协与服务商约定协议价购买。经济数据库的采购部署，满足了会计师事务所，特别是证券事务所对经济数据库的迫切需求，为会计师事务所动态提供包含宏观经济数据、行业数据、公司数据、金融数据，以及与资本市场密切相关的其他数据资源服务。

2012 年 4 月，中注协启动经济数据库项目，相继开展了需求调研、产品演示、专家咨询论证与会计师事务所试用等工作。2013 年，在全国证券事务所免费试用经济数据库，有力地支持了审计执业所需要的经济数据和分析工具，用户普遍反映良好，达到预期效果。2013年12月，通过竞争性谈判方式确定了2014年度经济数据库服务商。随后，针对服务商提供的经济数据基础库，完成了经济数据库产品定制开发、终端安装部署、实施方案制定等工作。

（执笔：倪鹏翔、王廷梁）

附录一 注册会计师行业重要法律制度目录

1. 中华人民共和国注册会计师法(中华人民共和国主席令第十三号,1993 年 10 月 31 日发布,2014 年 8 月 31 日修订)

行 业 发 展

2. 中国注册会计师协会关于推动会计师事务所做大做强的意见(会协〔2007〕33 号,2007 年 5 月 7 日)

3. 关于支持会计师事务所扩大服务出口的若干意见(商服贸〔2007〕507 号,2007 年 12 月 26 日)

4. 中国注册会计师协会关于规范和发展中小会计师事务所的意见(会协〔2008〕98 号,2008 年 12 月 17 日)

5. 国务院办公厅转发财政部关于加快发展我国注册会计师行业若干意见的通知(国办发〔2009〕56 号,2009 年 10 月 3 日)

6. 关于贯彻落实国务院办公厅转发财政部关于加快发展我国注册会计师行业若干意见的实施意见(会协〔2010〕13号,2010年2月12日)

7. 中国注册会计师行业发展规划(2011—2015年)(会协〔2011〕50号,2011年9月4日)

8. 中国注册会计师行业人才发展规划(2011—2015年)(会协〔2011〕111号,2011年12月1日)

9. 中国注册会计师行业新业务拓展战略实施意见(会协〔2011〕64号,2011年12月15日)

10. 中国注册会计师协会关于支持事务所进一步做强做大的若干政策措施(会协〔2012〕164号,2012年6月8日)

11. 中国注册会计师协会关于提升注册会计师行业服务金融业发展能力若干意见(会协〔2013〕57号,2013年8月8日)

行业管理

12. 会计师事务所审批和监督暂行办法(财政部令第24号,2005年1月18日)

13. 注册会计师注册办法(财政部令第 25 号,2005 年 1 月 22 日)

14. 中国注册会计师协会关于加强行业人才培养工作的指导意见(会协〔2005〕38 号,2005 年 6 月 8 日)

15. 中国注册会计师继续教育制度(会协〔2006〕63 号,2006 年 9 月 13 日)

16. 中国注册会计师胜任能力指南(会协〔2007〕66 号,2007 年 10 月 11 日)

17. 注册会计师任职资格检查办法(会协〔2008〕9 号,2008 年 2 月 3 日)

18.《中国注册会计师继续教育制度》补充规定(会协〔2008〕67 号,2008 年 9 月 16 日)

19. 注册会计师考试制度改革方案(会协〔2009〕3 号,2009 年 1 月 15 日)

20. 中国注册会计师协会非执业会员登记办法(会协〔2009〕51 号,2009 年 9 月 11 日)

21. 会计师事务所分所管理暂行办法(财会〔2010〕2 号,2010 年 1 月 15 日)

22. 注册会计师全国统一考试违规行为处理办法（财政部令第57号,2010年3月2日）

23. 中国注册会计师协会非执业会员继续教育暂行办法（会协〔2010〕93号,2010年11月23日）

24. 财政部关于进一步加强注册会计师协会干部队伍建设的通知（财人〔2011〕13号,2011年1月24日）

25. 中国注册会计师协会会员执业违规行为惩戒办法（会协〔2011〕39号,2011年7月16日）

26. 中国注册会计师行业信息化建设总体方案（会协〔2011〕115号,2011年12月9日）

执业准则

27. 财政部关于印发中国注册会计师执业准则的通知（财会〔2006〕4号,2006年2月15日）

28. 中国注册会计师协会关于印发《中国注册会计师执业准则指南（2007年修订）》的通知（会协〔2007〕89号,2007年11月29日）

29. 中国注册会计师协会关于印发《高新技术企业认定专项审计指引》的通知（会协〔2008〕83号,2008年

11 月 12 日）

30. 财政部　证监会　审计署　银监会　保监会关于印发企业内部控制配套指引的通知（财会〔2010〕11 号，2010 年 4 月 15 日）

31. 财政部关于印发《中国注册会计师审计准则第 1101 号——注册会计师的总体目标和审计工作的基本要求》等 38 项准则的通知（财会〔2010〕21 号，2010 年 11 月 1 日）

32. 中国注册会计师协会关于印发《〈中国注册会计师审计准则第 1101 号——注册会计师的总体目标和审计工作的基本要求〉应用指南》等 38 项应用指南的通知（会协〔2010〕94 号，2010 年 11 月 1 日）

33. 中国注册会计师协会关于印发《医院财务报表审计指引》的通知（会协〔2011〕3 号，2011 年 1 月 14 日）

34. 中国注册会计师协会关于印发《企业内部控制审计指引实施意见》的通知（会协〔2011〕66 号，2011 年 10 月 11 日）

35. 中国注册会计师协会关于印发《外商投资企业

外方权益确认表审核指导意见》的通知(会协〔2012〕121号,2012年4月30日)

36. 中国注册会计师协会关于印发《基金会财务报表审计指引》的通知(会协〔2012〕231号,2012年11月30日)

37. 中国注册会计师协会关于印发《中国注册会计师审计准则问题解答第1号——职业怀疑》等六项审计准则问题解答的通知(会协〔2013〕77号,2013年10月31日)

职业道德

38. 注册会计师　注册资产评估师行业诚信建设纲要(会协〔2002〕295号,2002年11月26日)

39. 中国注册会计师协会关于印发《中国注册会计师职业道德守则》和《中国注册会计师协会非执业会员职业道德守则》的通知(会协〔2009〕57号,2009年10月14日)

行业党建

40. 中共中央组织部　财政部党组关于进一步加

强注册会计师行业党的建设工作的通知(组通字〔2009〕49 号,2009 年 10 月 14 日)

41. 中共中国注册会计师行业委员会关于进一步加强和改进注册会计师行业党的建设工作的若干意见(会行党〔2009〕1 号,2009 年 10 月 29 日)

42. 中共中央统战部　财政部党组关于加强注册会计师行业统战工作的意见(统发〔2011〕15 号,2011 年 12 月 6 日)

43. 中华全国总工会　财政部关于加强注册会计师行业基层工会建设的通知(总工发〔2012〕7 号,2012 年 1 月 3 日)

(殷德全、蔡宗强　辑)

附录二　2014 年会计师事务所综合评价前百家信息

（2014 年 5 月 30 日发布）

事务所名称	综合评价得分名次	综合评价得分	2013 年业务收入指标得分				综合评价其他指标得分	处罚和惩戒指标应减分值	参考项目		
			会计师事务所本身业务收入指标		与会计师事务所统一经营的其他执业机构业务收入指标						
			金额（单位：万元）	得分	金额（单位：万元）	得分			注册会计师人数（单位：人）	人均业务收入（单位：万元/人）	师均业务收入（单位：万元/人）
普华永道中天会计师事务所	1	3101.68	335141.01	3035.29	—	—	72.39	(6)	959	55.37	349.47
德勤华永会计师事务所	2	2676.32	288123.29	2609.47	—	—	66.86	—	800	50.67	360.15
瑞华会计师事务所	3	2624.26	277592.64	2514.09	35162.94	43.92	66.24	—	2335	35.20	118.88
立信会计师事务所	4	2368.65	250911.05	2272.44	23331.11	29.14	67.06	—	1811	34.64	138.55
安永华明会计师事务所	5	2209.42	236433.79	2141.33	—	—	68.10	—	911	52.66	259.53

（续表）

事务所名称	综合评价得分名次	综合评价得分	2013年业务收入指标得分				综合评价其他指标得分	处罚和惩戒指标应减分值	参考项目		
			会计师事务所本身业务收入指标		与会计师事务所统一经营的其他执业机构业务收入指标				注册会计师人数(单位:人)	人均业务收入(单位:万元/人)	师均业务收入(单位:万元/人)
			金额(单位:万元)	得分	金额(单位:万元)	得分					
毕马威华振会计师事务所	6	2189.67	234717.41	2125.78	—	—	69.89	(6)	616	67.90	381.03
天健会计师事务所	7	1283.37	134145.63	1214.93	—	—	68.44	—	1389	34.94	96.58
大华会计师事务所	8	1195.53	123787.93	1121.12	15029.55	18.77	67.64	(12)	976	29.74	126.83
信永中和会计师事务所	9	1131.10	117517.18	1064.33	—	—	66.78	—	1096	31.06	107.22
大信会计师事务所	10	1074.81	110054.73	996.74	23729.00	29.64	60.43	(12)	1032	32.37	106.64
天职国际会计师事务所	11	999.94	102916.13	932.09	4067.74	5.08	62.77	—	747	38.49	137.77
致同会计师事务所	12	780.30	79582.96	720.76	—	—	59.54	—	744	32.99	106.97

中审亚太会计师事务所	13	648.07	65914.72	596.97	641.65	0.80	57.30	(7)	616	39.40	107.00
中汇会计师事务所	14	634.95	63354.25	573.78	—	—	61.16	—	385	51.68	164.56
众环海华会计师事务所	15	521.95	51110.07	462.89	—	—	59.06	—	407	30.35	125.58
中审华寅五洲会计师事务所	16	494.97	48100.26	435.63	—	—	59.34	—	505	35.71	95.25
北京兴华会计师事务所	17	456.83	41811.07	378.67	14363.29	17.94	60.21	—	483	30.06	86.57
中天运会计师事务所	18	456.09	38384.52	347.64	39943.73	49.90	58.55	—	404	24.53	95.01
中兴财光华会计师事务所	19	455.94	32823.07	297.27	79221.32	98.96	59.70	—	527	25.54	62.28
利安达会计师事务所	20	453.44	41346.01	374.46	22949.08	28.67	58.31	(8)	428	38.64	96.60
天衡会计师事务所	21	440.61	41442.26	375.33	2443.58	3.05	62.23	—	284	40.63	145.92
中兴华会计师事务所	22	419.04	38292.81	346.81	10683.96	13.35	58.88	—	417	32.48	91.83

（续表）

事务所名称	综合评价得分名次	综合评价得分	2013年业务收入指标得分				综合评价其他指标得分	处罚和惩戒指标应减分值	参考项目		
			会计师事务所本身业务收入指标		与会计师事务所统一经营的其他执业机构业务收入指标				注册会计师人数(单位:人)	人均业务收入(单位:万元/人)	师均业务收入(单位:万元/人)
			金额(单位:万元)	得分	金额(单位:万元)	得分					
江苏苏亚金诚会计师事务所	23	377.52	35773.54	323.99	—	—	59.53	(6)	245	37.78	146.01
众华会计师事务所	24	375.09	34953.49	316.57	—	—	58.52	—	256	40.64	136.54
华普天健会计师事务所	25	327.73	27809.07	251.86	13343.32	16.67	59.20	—	304	29.90	91.48
中勤万信会计师事务所	26	269.94	23650.28	214.20	5555.96	6.94	58.80	(10)	313	34.63	75.56
江苏公证天业会计师事务所	27	257.82	22031.89	199.54	—	—	58.29	—	218	45.33	101.06
希格玛会计师事务所	28	245.36	20411.61	184.86	117.71	0.15	60.35	—	235	31.31	86.86
北京永拓会计师事务所	29	240.90	20233.95	183.25	1480.75	1.85	55.79	—	346	31.97	58.48

北京中天恒会计师事务所	30	238.76	21260.15	192.55	—	—	51.21	(5)	224	23.44	94.91
中准会计师事务所	31	223.94	18040.67	163.39	4112.15	5.14	55.41	—	411	21.45	43.89
立信中联会计师事务所	32	222.94	18216.84	164.99	—	—	57.95	—	262	44.54	69.53
广东正中珠江会计师事务所	33	205.60	15965.46	144.60	2616.14	3.27	57.74	—	229	24.79	69.72
新联谊会计师事务所	34	199.36	15612.40	141.40	842.00	1.05	56.91	—	214	23.58	72.96
四川华信（集团）会计师事务所	35	198.58	16733.04	151.55	—	—	47.03	—	214	65.88	78.19
中喜会计师事务所	36	198.13	15516.63	140.53	3514.75	4.39	53.21	—	241	26.39	64.38
中建华会计师事务所	37	191.59	15110.53	136.85	95.73	0.12	54.62	—	136	48.59	111.11
北京中证天通会计师事务所	38	182.97	13378.54	121.17	7114.26	8.89	52.92	—	257	24.15	52.06

（续表）

事务所名称	综合评价得分名次	综合评价得分	2013年业务收入指标得分				综合评价其他指标得分	处罚和惩戒指标应减分值	参考项目		
			会计师事务所本身业务收入指标		与会计师事务所统一经营的其他执业机构业务收入指标				注册会计师人数(单位:人)	人均业务收入(单位:万元/人)	师均业务收入(单位:万元/人)
			金额(单位:万元)	得分	金额(单位:万元)	得分					
北京天圆全会计师事务所	39	180.73	13667.03	123.78	1866.38	2.33	54.61	—	291	27.44	46.97
亚太(集团)会计师事务所	40	178.50	13414.18	121.49	3205.00	4.00	53.00	—	260	26.67	51.59
浙江天平会计师事务所	41	169.52	12400.50	112.31	742.70	0.93	56.29	—	114	25.67	108.78
上会会计师事务所	42	161.62	11859.81	107.41	584.10	0.73	53.48	—	209	23.48	56.75
北京兴中海会计师事务所	43	158.84	11890.52	107.69	—	—	51.15	—	80	72.06	148.63
福建华兴会计师事务所	44	157.45	11065.57	100.22	921.77	1.15	56.08	—	206	27.46	53.72
天津倚天会计师事务所	45	145.08	10208.95	92.46	1014.19	1.27	51.35	—	129	33.92	79.14

上海沪港金茂会计师事务所	46	143.90	6401.30	57.98	24777.41	30.95	54.97	—	84	34.60	76.21
山东和信会计师事务所	47	143.86	10089.03	91.37	—	—	52.48	—	234	21.15	43.12
浙江德威会计师事务所	48	143.34	9723.77	88.07	—	—	55.28	—	85	32.41	114.40
重庆康华会计师事务所	49	136.43	9168.68	83.04	—	—	53.39	—	77	40.75	119.07
北京大地会计师事务所	50	130.78	7699.29	69.73	3574.11	4.46	56.58	—	108	40.52	71.29
北京中路华会计师事务所	51	129.90	8681.43	78.63	2803.70	3.50	47.78	—	232	17.68	37.42
天津中审联会计师事务所	52	127.83	8517.96	77.15	357.97	0.45	50.24	—	160	20.62	53.24
中审国际会计师事务所	53	123.55	7565.29	68.52	2450.66	3.06	51.97	—	177	20.90	42.74
重庆谛威会计师事务所	54	120.70	7415.89	67.16	—	—	53.53	—	56	32.96	132.43
青岛振青会计师事务所	55	119.10	7787.36	70.53	—	—	48.57	—	127	24.11	61.32

（续表）

事务所名称	综合评价得分名次	综合评价得分	2013 年业务收入指标得分				综合评价其他指标得分	处罚和惩戒指标应减分值	参考项目		
			会计师事务所本身业务收入指标		与会计师事务所统一经营的其他执业机构业务收入指标				注册会计师人数（单位：人）	人均业务收入（单位：万元/人）	师均业务收入（单位：万元/人）
			金额（单位：万元）	得分	金额（单位：万元）	得分					
宁波科信会计师事务所	56	118.27	7015.75	63.54	2343.20	2.93	51.81	—	34	40.09	206.35
山东天元同泰会计师事务所	57	117.72	7556.35	68.44	251.76	0.31	48.97	—	116	27.78	65.14
江苏利安达永诚会计师事务所	58	116.24	6676.80	60.47	102.62	0.13	55.64	—	26	115.12	256.80
中众益（广西）会计师事务所	59	112.83	6450.33	58.42	—	—	54.41	—	92	37.50	70.11
浙江至诚会计师事务所	60	112.43	6258.33	56.68	317.03	0.40	55.36	—	76	20.59	82.35
宁夏天华会计师事务所	61	110.50	5428.99	49.17	823.57	1.03	60.30	—	36	66.21	150.81

四川中衡安信会计师事务所	62	110.46	6538.42	59.22	3494.09	4.36	46.87	—	108	26.26	60.54
新疆驰远天合会计师事务所	63	109.28	6278.27	56.86	471.86	0.59	51.82	—	77	28.93	81.54
中一会计师事务所	64	107.05	5764.93	52.21	750.32	0.94	53.90	—	145	18.13	39.76
湖南湘能卓信会计师事务所	65	104.32	5055.57	45.79	3829.81	4.78	53.75	—	37	66.52	136.64
湖南建业会计师事务所	66	103.45	5165.03	46.78	1762.40	2.20	54.47	—	105	20.74	49.19
浙江南方会计师事务所	67	103.20	6343.11	57.45	—	—	45.75	—	58	26.54	109.36
广西正德会计师事务所	68	102.65	5400.16	48.91	—	—	53.74	—	45	64.29	120.00
上海公信中南会计师事务所	69	101.82	5452.51	49.38	3315.03	4.14	48.30	—	79	29.47	69.02
江苏华星会计师事务所	70	101.58	5068.13	45.90	—	—	55.68	—	31	32.28	163.49
湖南天平正大会计师事务所	71	101.33	5227.64	47.35	3383.68	4.23	49.76	—	74	51.76	70.64

（续表）

事务所名称	综合评价得分名次	综合评价得分	2013年业务收入指标得分				综合评价其他指标得分	处罚和惩戒指标应减分值	参考项目		
			会计师事务所本身业务收入指标		与会计师事务所统一经营的其他执业机构业务收入指标				注册会计师人数（单位：人）	人均业务收入（单位：万元/人）	师均业务收入（单位：万元/人）
			金额（单位：万元）	得分	金额（单位：万元）	得分					
江苏天宏华信会计师事务所	72	99.49	4305.45	38.99	6476.39	8.09	52.41	—	57	33.12	75.53
北京东审鼎立国际会计师事务所	73	99.35	6002.22	54.36	—	—	44.99	—	63	37.99	95.27
上海宏大东亚会计师事务所	74	98.58	5059.20	45.82	2571.84	3.21	49.55	—	110	22.19	45.99
广东中天粤会计师事务所	75	98.50	4998.90	45.27	2855.57	3.57	49.66	—	80	23.25	62.49
祥浩会计师事务所	76	97.60	5369.40	48.63	—	—	48.97	—	107	18.64	50.18
北京红日会计师事务所	77	96.48	5106.39	46.25	—	—	50.23	—	38	10.84	134.38

浙江同方会计师事务所	78	95.74	5313.42	48.12	—	—	47.62	—	40	36.64	132.84
广东诚安信会计师事务所	79	95.59	4614.25	41.79	2110.98	2.64	51.16	—	53	29.20	87.06
四川中砝会计师事务所	80	93.25	5025.98	45.52	396.77	0.50	47.24	—	99	31.22	50.77
北京中平建华浩会计师事务所	81	92.37	4542.86	41.14	5162.98	6.45	44.78	—	106	20.65	42.86
浙江新华会计师事务所	82	91.16	4277.45	38.74	1925.77	2.41	50.01	—	52	38.19	82.26
浙江中瑞江南会计师事务所	83	90.76	4638.68	42.01	3470.42	4.34	44.42	—	41	32.44	113.14
陕西鸿英会计师事务所	84	90.63	3899.35	35.32	2958.29	3.70	51.62	—	19	33.91	205.23
浙江中兴会计师事务所	85	90.54	4016.69	36.38	2610.71	3.26	50.90	—	31	55.79	129.57
江苏公勤会计师事务所	86	90.48	4042.65	36.61	737.15	0.92	52.94	—	35	33.14	115.50

（续表）

事务所名称	综合评价得分名次	综合评价得分	2013 年业务收入指标得分				综合评价其他指标得分	处罚和惩戒指标应减分值	参考项目		
			会计师事务所本身业务收入指标		与会计师事务所统一经营的其他执业机构业务收入指标						
			金额(单位:万元)	得分	金额(单位:万元)	得分			注册会计师人数(单位:人)	人均业务收入(单位:万元/人)	师均业务收入(单位:万元/人)
云南中和宏睿会计师事务所	87	90.34	4624.20	41.88	—	—	48.46	—	29	38.53	159.46
新疆宏昌天圆会计师事务所	88	87.81	3732.57	33.81	—	—	54.01	—	55	24.24	67.86
江苏金陵会计师事务所	89	87.19	3431.48	31.08	—	—	56.11	—	34	63.55	100.93
陕西益友会计师事务所	90	86.93	3982.24	36.07	165.00	0.21	50.66	—	39	34.63	102.11
恒信弘正会计师事务所	91	86.42	3484.64	31.56	4059.43	5.07	49.79	—	88	18.84	39.60
上海玛泽会计师事务所	92	85.88	4149.48	37.58	—	—	48.30	—	21	45.60	197.59
杭州富春会计师事务所	93	85.75	3632.22	32.90	—	—	52.85	—	19	21.37	191.17

重庆华西会计师事务所	94	85.70	3808.33	34.49	2969.80	3.71	47.50	—	28	50.11	136.01
广东中诚安泰会计师事务所	95	85.62	3986.27	36.10	2583.43	3.23	46.29	—	76	15.69	52.45
江苏中兴会计师事务所	96	83.73	2976.76	26.96	1752.07	2.19	54.58	—	19	37.68	156.67
无锡宝光会计师事务所	97	82.70	3281.53	29.72	—	—	52.98	—	17	72.92	193.03
重庆凯弘会计师事务所	98	82.50	4886.89	44.26	2983.01	3.73	46.51	(12)	31	52.55	157.64
浙江中铭会计师事务所	99	82.33	3429.00	31.06	666.82	0.83	50.44	—	27	34.29	127.00
杭州萧然会计师事务所	100	82.23	3581.33	32.44	995.54	1.24	48.55	—	39	37.31	91.83

注：1. 综合评价得分＝业务收入指标得分＋综合评价其他指标得分－处罚和惩戒指标应减分值。

2. 业务收入指标得分＝会计师事务所本身业务收入指标得分＋与会计师事务所统一经营的其他执业机构业务收入指标得分。

3. 业务收入，包括会计师事务所每年上报中注协的、经过审计的上一年度会计师事务所本身业务收入，以及与会计师事务所统一经营的其他执业机构业务收入。

4. 与会计师事务所统一经营的其他执业机构业务收入，是指与会计师事务所具有统一经营战略、统一品牌、统一专业资源、统一人员管理的专业服务机构经营取得的业务收入。
5. 综合评价其他指标，是指综合评价表中除了业务收入指标、处罚和惩戒指标以外的指标。包括：基本情况、内部治理、执业质量、人力资源、国际业务、信息技术、党群共建、社会责任、受奖励情况等要素。
6. 处罚和惩戒指标，是指会计师事务所及其注册会计师在 2012 年和 2013 年两个年度内因执业原因受到刑事处罚、行政处罚和行业惩戒的情况。
7. 注册会计师人数，是指截至 2013 年 12 月 31 日，会计师事务所在行业管理信息系统中登记的数据。
8. 人均业务收入＝会计师事务所本身业务收入/会计师事务所全体员工数量。
9. 师均业务收入＝会计师事务所本身业务收入/会计师事务所注册会计师数量。
10. 中审华寅五洲会计师事务所原名为华寅五洲会计师事务所，众华会计师事务所原名为上海众华沪银会计师事务所，上会会计师事务所原名为上海上会会计师事务所，中兴华会计师事务所原名为中兴华富华会计师事务所，立信中联会计师事务所原名为立信中联闽都会计师事务所，山东和信会计师事务所原名为山东正源和信会计师事务所。

附录三　注册会计师行业恢复重建以来大事记

1980 年

12 月，财政部发布《关于成立会计顾问处的暂行规定》。对会计顾问处（会计师事务所）的性质、主要业务和任职人员条件等作了具体规定，主要业务为向“三资”企业提供验资、查账和清算等审计服务。该规定标志着我国注册会计师制度的恢复重建。

1981 年

1 月 1 日，恢复重建后第一家会计师事务所——上海会计师事务所成立。

同年，广州、南京、新疆、昆明、中信、北京 6 家会计师事务所成立。

1 月，财政部批准永道财务会计公司（即原阿柏斯・赖布兰公司）在上海设立代表处，成为外国会计公司在我国设立的首家涉外会计机构。

1982 年

先后成立中华、福建、西安、辽宁、无锡 5 家会计师事务所。

1983 年

12 月，财政部发布《关于中外合资经营企业、外国企业委托会计师查账问题的若干规定》，国际会计公司经财政部批准在我国设立常驻代表处。

1984 年

9 月，财政部印发《关于成立会计咨询机构问题的通知》，对现行法律条例规定需由注册会计师办理的业务作了重申。

1985 年

1 月，颁布实施《会计法》，以国家法律明确规定“经国务院财政部门批准组成会计师事务所，可以按照国家有关规定承办查账业务”。

截至 1985 年，安永、普华、香港容永道、大美、安达信、杜罗斯、毕马威、庄柏彬、雅特杨等 10 家国际会计公司分别在北京、上海、广州、福州 4 个城市设立了 14 个代表处。

1986 年

7 月，国务院颁布《中华人民共和国注册会计师条例》，同年 10 月 1 日实施，成为新中国颁布的第一部注册会计师行业管理行政法规。

10 月，财政部发布《会计师事务所管理暂行办法》。规定申请成立会计师事务所，根据委托人对委托执行会计查账验证和会计咨询业务的需要，应由筹组单位向主管财政机关提出，对成立不属于各省、自治区、直辖市管理的事务所报财政部审批。

1987 年

3 月，财政部根据《中华人民共和国注册会计师条例》制发《注册会计师考试、考核暂行办法》，首次提出要开展注册会计师考试工作和成立财政部考试工作委员会。

1988 年

4 月，首家地方注册会计师协会——上海注册会计师协会成立。当时，上海市已有上海会计师事务所、立信会计师事务所、大华会计师事务所、上海中华社科会计师事务所4家会计师事务所，148名经财政部批准的注册会计师。

11月15日，召开中国注册会计师协会成立大会，会议选举产生了第一届理事会、常务理事会，通过名誉会长、会长、顾问人选，原则通过了《中国注册会计师协会章程（草案）》，研究通过了《注册会计师查账规则》和《中国注册会计师协会会费办法》。

1989年

2月5日，财政部发布《注册会计师执行业务收费管理办法》。

2月20日，财政部正式发文批准中国注册会计师协会成立，批准了《中国注册会计师协会章程》，同意第一届理事会领导成员。

5月，《注册会计师通讯》创刊。5月10日，《注册会计师通讯》第一期正式出版发行。

截至1989年年底，全国已有上海、天津、河北、内蒙古、辽宁、黑龙江、福建、山东、湖北、四川、贵州、宁夏、新疆13个省级协会成立。

1990年

2月23日,财政部颁发《注册会计师证书和会计师事务所批准证书发放办法》,规定注册会计师经批准注册,会计师事务所经批准成立,均应发给由财政部统一印制的证书,并对证书的发放程序、检验、变更等作了规定。

1991年

4月2日,财政部根据《中华人民共和国注册会计师条例》规定,决定在当年举行首次注册会计师全国统一考试。为此,财政部成立了注册会计师全国考试委员会,并在北京召开了第一次会议,研究部署注册会计师全国统考工作。

截至1991年6月,共有19个省、自治区、直辖市成立注册会计师协会。

8月21日,中国注册会计师协会颁发《注册会计师验资规则(试行)》。

11月28日,中国注册会计师协会颁发《注册会计师查账验证工作底稿规则(试行)》。

12 月 7～8 日,举行第一次注册会计师全国统一考试,全国共有 2.3 万余人报名参加考试,472 人取得全科合格成绩。

1991 年,中国注册会计师协会先后发布《注册会计师全国统一考试、考核办法》《注册会计师考试命题原则》和《注册会计师全国第一次统一考试工作规则》,初步形成了包括规范考试报名、考试科目、考试范围、试题结构等内容的注册会计师考试基本制度以及考试组织管理制度。

1992 年

5 月,中国注册会计师协会召开第二次全国会员代表大会。

6 月 23 日,国务院召开第 192 次总理办公会议,专门听取财政部汇报加速发展注册会计师事业的问题。

7 月 1 日,中国注册会计师协会颁发《注册会计师查账验证计划规则(试行)》和《注册会计师管理建议书规则(试行)》。

7 月 23 日，国务院发布《全民所有制工业企业转换经营机制条例》，其中首次提出企业年度财务会计报表由会计师事务所或者审计事务所审查。

9 月，财政部和体改委联合发出《注册会计师执行股份制试点企业有关业务的暂行规定》，根据该文件，财政部第一次审查批准了 13 家会计师事务所、103 名注册会计师具有执行证券业务资格。

1993 年

3 月，财政部、中国证监会印发了《关于从事证券相关业务会计师事务所、注册会计师资格确认的规定》。根据规定，财政部会同证监会审查批准了可以从事证券业务的会计师事务所 45 家，注册会计师 375 名。

7 月 15 日，财政部成立第二届注册会计师考试委员会，并发布《注册会计师统一考核办法》，根据该办法考核批准注册会计师 5074 人。

7 月 29 日，财政部发布《关于整顿注册会计师业务和会计师事务所的通知》。整顿的内容包括注册会计师的资格、职业道德以及人员脱钩问题，事务所的资格、执业质量，特别是分支机构和事务所与挂靠单位关系问题。

10 月 31 日，第八届全国人大常委会第四次会议审议通过《中华人民共和国注册会计师法》。

12 月，根据《注册会计师法》规定，财政部制定发布了《注册会计师注册审批暂行办法》《有限责任会计师事务所设立及审批暂行办法》《合伙会计师事务所设立及审批暂行办法》《外国会计师事务所在中国境内临时执行审计业务的暂行规定》和《关于外国会计师事务所在中国境内临时执行审计业务的暂行规定的补充规定》等文件。

举办第二次注册会计师全国统一考试（报考人数 57242 人，参加考试人数 29326 人，全科合格 3754 人，全科合格率 25.87％）。

1994 年

1 月 1 日，《中华人民共和国注册会计师法》正式施行。

9 月，举办第三次注册会计师全国统一考试，报考人数首次突破10万人，达到116296人，并且首次允许境外考生参加考试，全科合格4642人，全科合格率14.28%。

10月，财政部批准成立中国注册会计师协会独立审计准则组，着手研究并准备中国独立审计准则起草工作。

1994年，国务院办公厅印发《研究关于大力开展注册会计师培训工作的会议纪要》，明确了培训注册会计师的要求。成立了由财政部、国家计委、国家经贸委、国家体改委、国家教委、人事部、中国人民银行、审计署八个部委领导组成的注册会计师培训工作领导小组（办公室设在中国注册会计师协会）。

1995年

1月1日，财政部发布《会计师事务所财务管理若干问题的暂行规定》和《会计师事务所会计核算办法》。

6月，财政部、审计署联合印发《关于中国注册会计师协会、中国注册审计师协会实行联合的有关问题的通知》。同年12月，中国注册会计师协会、中国注册审计师协会常设办事机构合并办公，开始了两会联合的实际运作。

6 月中旬至 8 月，中国注册会计师协会与证监会联合派出检查组，对 19 家具有证券业务资格的会计师事务所进行了业务检查。

9 月 15 日，举办第四次注册会计师全国统一考试，报考人数首次突破 20 万人，达到 214190 人，全科合格 722 人，全科合格率 2.20%。

12 月，第一批独立审计准则经财政部批准发布并于 1996 年 1 月 1 日起开始实施。

1995 年，中国注册会计师协会组织了第一次全国注册会计师年检，有 22324 名注册会计师参加年检，1875 人未通过年检，占 8.4%，2420 人被取消注册会计师资格，占 10.8%。

1996 年

1 月 1 日，第一批《中国注册会计师独立审计准则》实施。

1 月，财政部批准成立岳华（集团）会计师事务所。

这是财政部批准设立的第一家跨地区、跨行业的会计师事务所。

1月31日，中国注册会计师协会印发第一批《中国注册会计师执业规范指南(试行)》(包括年度会计报表审计、审计工作底稿、验资等项目)。

2月15日，财政部、证监会联合发布《会计师事务所、注册会计师从事证券相关业务许可证暂行办法》。

3月28日，财政部发布《中外合作会计师事务所管理暂行办法》。

4月19日，国务院发布《关于整顿会计工作秩序进一步提高会计工作质量的通知》，提出实行企业年度会计报表注册会计师审计制度。

6月5日，中国注册会计师协会召开与中国注册审计师协会联合后的全国特别代表大会。李鹏总理为大会题词，朱镕基副总理发表书面讲话。会议通过了新的《中国注册会计师协会章程》，选举产生了新的理事会和常务理事会、新的协会领导成员和常设办事机构的领导成员以及咨询委员会和专门委员会委员。

6 月 30 日，全国注册审计师转为注册会计师审核发文工作全部完成，共有 28464 名注册审计师转为注册会计师。

10 月 4 日，中国注册会计师协会加入亚太会计师联合会（CAPA）。

11 月，中国注册会计师协会制订《中国注册会计师事业发展“九五”计划和 2010 年远景规划》，提出了未来 15 年我国注册会计师事业的发展原则、目标和需要采取的政策措施。

12 月，财政部批准发布第二批独立审计准则。

1997 年

1 月 1 日，第二批中国注册会计师独立审计准则及三个相关基本准则正式开始实施。

2 月 23 日，《中华人民共和国合伙企业法》经八届全国人大常委会 24 次会议审议通过，自 1997 年 8 月 1 日起施行。合伙制会计师事务所有了专门的法律规范。

5 月 9 日，中国注册会计师协会加入国际会计师联合会（IFAC）。

6月21日，财政部举办第一届证券期货相关业务资格考试，1399人获准报考，431人合格。

7月28日，中国注册会计师协会召开全国秘书长工作会议，研究部署注册会计师行业清理整顿工作。

1997年8月至1998年年底，中国注册会计师协会按照国务院领导"扎实工作，整顿会计师行业"的指示精神，在全国范围内开展注册会计师行业清理整顿工作，对注册会计师、会计师事务所的执业资格、执业质量、职业道德、事务所内部管理以及境外会计公司在中国执业等情况进行全面检查、清理和整顿。

10月25日，由中国注册会计师执业界人士30余人组成的代表团参加在法国巴黎召开的第15届世界会计师大会。

1998年

7月，财政部颁布《有限责任会计师事务所审批办法》。

10月9日，中国注册会计师协会印发《关于会计师事务所、审计事务所脱钩改制若干问题的通知》。

10 月 22 日，财政部发布《国有企业年度会计报表注册会计师审计暂行办法》，规定："从 1998 年起，国有企业年度会计报表，除个别特殊行业（企业）外，不再实行财政审批制度。其资产负债表、损益表、现金流量表和其他附表以及会计报表附注，应于年度终了在规定的时间内委托中国注册会计师实施审计。"

截至 1998 年年底，全国 103 家具有证券资格会计师事务所改制为由注册会计师发起设立的有限责任会计师事务所。

1999 年

2 月，中国注册会计师协会发布第三批独立审计准则。

4 月 13 日，经国务院领导同意，财政部发出《会计师（审计）事务所脱钩改制实施意见》，要求全国所有事务所必须于 1999 年 12 月 31 日前与所挂靠单位在人员、财务、业务、名称等四个方面进行脱钩，并改制为由注册会计师发起设立的合伙制和有限责任制事务所。

7 月 1 日，第三批中国注册会计师独立审计准则正式开始实施。至此，财政部共发布了 24 个独立审计具体准则、6 个独立审计实务公告、3 个相关基本准则以及 3 个执业规范指南（年度会计报表审计、审计工作底稿、验资）。

1999 年，关于行业体制改革和打击弄虚作假行为的报告以及社会中介机构基本情况和清理整顿意见的报告得到国务院领导批准，国务院成立领导小组，印发《关于清理整顿经济鉴证类社会中介机构的通知》，对经济鉴证类社会中介机构进行清理整顿，领导小组办公室设在中国注册会计师协会。

截至 1999 年年底，注册会计师行业在经济鉴证类社会中介机构中率先完成脱钩改制，事务所由 6049 家减少至 4085 家，撤销、合并了一批不符合设立条件的事务所。

2000 年

3 月 24 日，中国注册会计师协会印发《会计师事务所扩大规模若干问题的指导意见》《会计师事务所合并审批管理暂行办法》和《会计师事务所分所审批管理暂行办法》等文件，鼓励和引导会计师事务所通过合并扩大规模，并明确了事务所扩大规模的指导思想和具体操作程序。截至 2000 年 12 月底，全国共有 300 多家事务所合并为 110 家，其中，具有证券期货资格的事务所由 106 家合并为 78 家。

6 月 15～17 日，中国注册会计师协会举办"中介服务与市场经济发展"国际研讨会。

6 月，中国注册会计师协会修改出台了《注册会计师执行证券、期货相关业务许可证管理规定》，印发了《关于会计师事务所和注册会计师换发证券许可证的通知》，批准 172 名注册会计师取得证券许可证，对具有证券资格的 78 家会计师事务所、1659 名注册会计师换发了新证并予以公告。

9 月底，根据国务院清理整顿经济鉴证类社会中介机构领导小组《关于抓紧落实注册税务师、注册资产评估师、注册会计师行业合并统一管理工作的通知》和财政部《关于同意中国注册会计师协会与中国资产评估协会合并的通知》要求，中注协、中评协先行完成合并，成立了新的中国注册会计师协会,对注册会计师行业、资产评估行业实行统一管理。

11 月 7～10 日,亚太会计师联合会(CAPA)第 15 次大会在马尼拉举行,选举中国注册会计师协会秘书长李勇为亚太会计师联合会(CAPA)副会长。

2001 年

1 月 1 日起,中注协作出了下放对直管所管理权限的决定,原由中注协直接管理的会计师事务所、注册会计师和非执业会员,以及原由中评协直接管理的注册资产评估师,按照属地管理原则,改由其所在地的省级协会管理。

2001 年,经财政部批准,中国注册会计师协会发布第四批独立审计准则。

2002 年

6 月,中国注册会计师协会印发《中国注册会计师职业道德规范指导意见》。

9 月 24 日,发布第五批独立审计准则。

11 月 26 日,中国注册会计师协会印发《注册会计师、资产评估师行业诚信建设纲要》，系统提出了行业诚信建设的指导思想、目标、任务和措施。

11月，在中国香港召开第16届世界会计师大会，以“知识经济与会计师”为主题。这是第一次在中国举办的全球会计师的盛会。国务院总理朱镕基出席会议并作演讲。

2003年

6月26日，中国注册会计师协会印发《会计师事务所、资产评估机构内部治理机制建设指导意见》。

6月26日，中国注册会计师协会印发《关于加强行业自律体制建设的指导意见》，第一次对行业自律管理体制的建设方向和要求提出了系统、完整的思路。

2004年

1月9日，中国注册会计师协会制定发布《会员诚信档案管理暂行办法》，全面建立行业诚信档案制度。

3月4日，中国注册会计师协会发布《会计师事务所执业质量检查制度（试行）》，并于年内开展了首次执业质量检查。

6月6日，中国注册会计师协会在北京举办以“行业自律与公众利益”为主题的首届注册会计师论坛。

11月1～3日，中国注册会计师协会第四次全国会员代表大会在北京召开，大会全面回顾了过去8年的行业工作，总结了行业发展及协会建设的基本经验，提出了未来5年行业建设的指导思想和奋斗目标。

2004年，中国注册会计师协会顺利完成与中国资产评估协会的分设工作，实现了人、财、物、档案的平稳交接和协会内部组织机构的重组工作。

2005年

5月17日，中国注册会计师协会在杭州举办第二届注册会计师论坛，主题为“注册会计师职业的国际化发展”。

5月19日，中国注册会计师协会与香港会计师公会签署《内地与香港注册会计师部分考试科目相互豁免实施协议》。

6月8日，中国注册会计师协会制定发布了《中国注册会计师协会关于加强行业人才培养工作的指导意见》，即行业人才培养"三十条"，系统提出了加强注册会计师行业人才培养工作的指导思想、总体思路和具体措施。

8 月 5 日，中国注册会计师协会在内蒙古呼伦贝尔市举办"合伙文化与会计师事务所内部治理"海峡两岸注册会计师研讨会。特别邀请了港澳地区会计师代表参加，会议期间，两岸四地会计师组织代表共同倡议，在海峡两岸研讨会的基础上，建立两岸四地的专业研讨交流机制，并签署了《海峡两岸及港澳地区会计师行业交流研讨会合作协议》。

12 月 8 日，中国审计准则委员会与国际审计与鉴证准则理事会签署审计准则国际趋同联合声明。国际审计与鉴证准则理事会在联合声明中高度赞赏中国在审计准则国际趋同方面的巨大努力和取得的重大进展，并称为经济转型国家和发展中国家树立了典范。

2006 年

2 月 15 日，正式发布包括 48 项审计准则在内的审计准则体系，实现了与国际审计准则的实质性趋同。

5 月 29 日，中国注册会计师协会在北京举办第三届注册会计师论坛，主题为“会计师事务所内部治理与规模化发展”。

8 月 9 日，财政部首次以部长令的形式发布实施《注册会计师全国统一考试违规行为处理办法》(财政部令第 40 号)。

10 月 21 日，“海峡两岸及港澳地区会计师行业交流研讨会”在澳门召开，来自两岸四地的 400 多名注册会计师围绕“经济全球化与会计师业务市场拓展”主题展开了研讨。

11 月，中国代表团出席在土耳其伊斯坦布尔市召开的第 17 届世界会计师大会。本次大会以“会计师：促进全球经济增长和稳定”为主题。

2007 年

5 月 26 日，中国注册会计师协会发布《关于推动会计师事务所做大做强的意见》和《会计师事务所内部治理指南》，标志着注册会计师行业在深入实施行业人才战略、准则国际趋同战略的基础上，全面启动了行业发展的第三大战略——做大做强战略。

9月22日,“海峡两岸及港澳地区会计师行业交流研讨会”在香港举行,来自两岸四地的400多名注册会计师围绕“会计师事务所的风险评估及管理”主题展开了深入研讨。中国注册会计师协会刘仲藜会长率团参加会议并在会上致辞。

10月,中国注册会计师协会发布《中国注册会计师胜任能力指南》,明确了成为一名合格的注册会计师所需的能力框架和主要环节。

12月6日,中国会计准则委员会、中国审计准则委员会和香港会计师公会在香港签署联合声明,宣布内地企业会计、审计准则分别与香港财务报告准则、审计准则实现等效。

12月26日,在中国注册会计师协会的协调推动下,商务部、财政部、公安部、中国人民银行、国务院国有资产监督管理委员会、海关总署、国家税务总局、中国证券监督管理委员会和国家外汇管理局等联合发布《关于支持会计师事务所扩大服务出口的若干意见》,全面提出了支持注册会计师行业“走出去”的政策措施。

2008 年

1 月 9 日，中国注册会计师协会与英格兰及威尔士特许会计师协会（ICAEW）在京举行两会间职业资格考试部分科目互免协议的签字仪式。

6 月 30 日，中国注册会计师行业诚信信息监控体系上线运行，并根据系统功能及行业管理和信息披露的需要，开发应用了社会公众版、事务所版、注册会计师版、院校版、地方协会版和中注协版，基本实现了行业信息监控体系“全面记录、实时监控、有效披露”的三大功能。

11 月 1 日，“海峡两岸及港澳地区会计师行业交流研讨会”在台湾举行，来自两岸四地的 400 多名注册会计师围绕“企业的社会责任——会计师谈股票上市公司的资讯公开与披露”主题展开了深入研讨。

12 月 17 日，中国注册会计师协会印发《关于规范和发展中小会计师事务所的意见》，明确了中小事务所规范和发展的总体目标，提出了规范、发展、环境改善等三方面的具体措施。

2009 年

1 月，中国注册会计师协会发布《注册会计师考试制度改革方案》，将原来一个阶段 5 科，改为两个阶段（专业阶段和综合阶段）"6＋1"考试模式。

3 月 23 日，财政部第一次以部长令的形式公布实施《注册会计师全国统一考试办法》（财政部令第 55 号）。

9 月，中央决定把会计师事务所从非公有制经济组织和社会组织中单列出来，参加第三批学习实践科学发展观活动，并明确由财政部党组负责指导。这是注册会计师行业第一次作为一个完整的系统，参加党的重大集中政治教育活动。

9 月 5 日，由中国注册会计师协会主办的"2009 年海峡两岸及港澳地区会计师行业交流研讨会"在贵州省贵阳市举办，来自两岸四地的 240 多名注册会计师围绕"金融危机对会计师行业的影响：挑战、机遇与担当"这一主题展开了研讨。

10 月 3 日，经国务院批准，国务院办公厅转发财政部《关于加快发展我国注册会计师行业的若干意见》（国办发〔2009〕56 号）。

10 月 15 日，在中央组织部的支持和指导下，财政部党组批准成立了中国注册会计师行业党委，成为我国第一家全国性行业党组织。

10 月，中国注册会计师协会发布《中国注册会计师职业道德守则》。

2010 年

2 月 2 日，财政部发布第 57 号部长令《注册会计师全国统一考试违规行为处理办法》，自 3 月 1 日起实施。

2 月 10 日，中国注册会计师协会制定发布《会计师事务所服务经济社会发展新领域业务拓展工作方案》，提出了新业务领域拓展的指导思想、工作目标和措施，指导行业拓展新业务领域，并组织制定《注册会计师业务指导目录（2010 年）》。

2 月 25 日，中国注册会计师协会制定发布《关于当前经济形势下服务经济发展大局 促进行业平稳发展的意见》,对注册会计师行业如何应对金融危机的影响,充分发挥行业的专业优势,积极服务于宏观经济政策的落实和市场信心的提振等,进行了系统阐述。

4月,中央决定在党的基层组织和党员中深入开展创先争优活动,注册会计师行业再次参加了党的重大集中性活动。

7月21日,财政部、工商总局印发《关于推动大中型会计师事务所采用特殊普通合伙组织形式的暂行规定》,要求大型会计师事务所应当于2010年12月31日前转制为特殊普通合伙组织形式;鼓励中型会计师事务所于2011年12月31日前转制为特殊普通合伙组织形式。

8月13日,中国注册会计师协会在北京举办第四届注册会计师论坛,主题为“拓展注册会计师业务新领域 服务我国经济发展方式转变”。

8月,中国注册会计师协会携同北京、广西、江苏注册会计师协会分别与北京市西城区政府、中国服务贸易协会、苏州工业园区管委会签署了三大会计服务示范基地建设的合作框架协议。

9 月 17 日，2010 年海峡两岸及港澳地区会计师行业交流研讨会在澳门举行。来自两岸四地的 600 余名注册会计师围绕“经济转型与会计师的社会贡献”这一主题展开了研讨。

9 月，中国注册会计师协会在香港成立了第一个海外会员服务机构——中国注册会计师协会会员服务有限公司。

10 月，中国注册会计师协会发布新修订的审计准则体系，并自 2012 年 1 月 1 日起施行。

11 月 10 日，中国审计准则委员会与国际审计与鉴证准则理事会再次签署联合声明，宣布我国修订发布的新审计准则与明晰化后的国际审计准则实现实质性趋同，并认为中国在国际趋同方面作出的巨大努力和取得的重大进展，充分展现了中国政府和会计职业界超凡的决策和组织实施能力，为发展中国家和经济转型国家树立了典范。

11 月 25～26 日，在北京召开中国注册会计师协会第五次全国会员代表大会。大会选举产生了协会新一届理事会和常务理事会，选举产生了协会新一任会长、副会长、秘书长、副秘书长；修订通过了新的《中国注册会计师协会章程》；成立了审计准则委员会等13个专门（专业）委员会。

11月，中国代表团出席在马来西亚吉隆坡召开的第18届世界会计师大会，主题为“会计师：持续价值创造”。

11月，中国注册会计师协会携同天津市注协与滨海新区人民政府签署会计服务示范基地合作框架协议。

2011年

2月23日，召开行业信息化委员会第一次会议，对行业信息化建设作出全面动员和部署，标志着行业信息化战略的正式启动。

2月，欧盟正式通过决议，确认我国审计监管体系与欧盟审计监管体系等效。

4月，中国注册会计师协会被民政部评为5A等级

（最高评估等级）全国性行业协会商会。

4 月 19 日，中国注册会计师行业党委、中国注册会计师协会召开全国注册会计师行业创先争优“制度建设年”工作交流推进会，印发《关于深入开展创先争优“制度建设年”活动的通知》，明确“制度建设年”活动的总体要求。

9 月 4 日，中国注册会计师协会发布《中国注册会计师行业发展规划（2011—2015 年）》。

9 月 5 日，中国注册会计师协会与香港会计师公会签署《关于内地审计准则与香港审计准则等效的联合声明》，确认内地审计准则与香港审计准则实现等效认同。

9 月 5 日，海峡两岸及港澳地区会计师行业交流研讨会在香港举行，主题为“把握机遇面对挑战——会计专业持续发展前瞻”。

9 月 7～9 日，中国代表团出席在澳大利亚布里斯班举行的第十八届亚太会计师联合会（CAPA）大会。

11 月 7 日，中国注册会计师协会与香港会计师公会在北京签署职业道德守则等效联合声明，确认内地职业道德守则与香港职业道德守则实现等效。

12月6日，中央统战部、财政部党组联合印发《关于加强注册会计师行业统战工作的意见》（统发〔2011〕15号），指导、支持注册会计师行业统战工作。

2012年

1月，中华全国总工会、财政部联合印发《关于加强注册会计师行业基层工会建设的通知》（总工发〔2012〕7号），推动行业工会建设。

6月1日，中国注册会计师协会受"京交会"组委会委托，参加首届京交会，在会上承办会计服务主题系列活动，包括"做强做大会计师行业、服务国家建设成果展"、"1+3"论坛、合作签约和新闻发布活动三项主题活动。

6月8日，中国注册会计师协会印发《关于支持会计师事务所进一步做强做大的若干政策措施》，明确六大重点鼓励方向，提出24项具体扶持措施。

6月，中国注册会计师协会制定《注册会计师考试实行计算机化考试实施方案》，实施注册会计师考试计算机化改革。

7 月 9 日，经共青团中央批准，中国注册会计师行业团委成立。

9 月 4 日，海峡两岸及港澳地区会计师行业交流研讨会在台湾地区新北市举行，来自两岸四地的 600 多名注册会计师围绕“会计审计准则、法规环境与国际之接轨”这一主题展开研讨。

2013 年

4 月 19 日，中国注册会计师行业党委、中国注册会计师协会印发《注册会计师行业“诚信文化建设年”活动实施方案》，就 2013 年在注册会计师行业开展“诚信文化建设年”活动作出部署。

5 月 31 日，中国注册会计师协会以“会计行业的品牌化和国际化——会计服务贸易价值提升新引擎”为主题，在国家会议中心举办第二届“京交会”会计服务板块合作签约和新闻发布系列活动。

8 月 8 日，中国注册会计师协会印发《关于提升注册会计师行业服务金融业发展能力的若干意见》。

9 月 9 日，在青海省西宁市举行“2013 年海峡两岸及港澳地区会计师行业交流研讨会”，并举办了《国际审计准则》和《国际职业会计师道德守则》中文译本首发式。

（常志安、杜晓锋　辑）